Jens Siegert

Im Prinzip Russland

Jens Siegert

Im Prinzip Russland

Eine Begegnung in 22 Begriffen

 Edition
Körber

Bibliografische Information der Deutschen Nationalbibliothek

Die Deutsche Nationalbibliothek verzeichnet diese Publikation
in der Deutschen Nationalbibliografie; detaillierte bibliografische Daten
sind im Internet unter http://dnb.d-nb.de abrufbar.

© Edition Körber, Hamburg 2021

Umschlag: Groothuis. www.groothuis.de
Umschlagmotiv: Getty Images | Vasil Nanev | EyeEm
Herstellung: Das Herstellungsbüro, Hamburg |
    www.buch-herstellungsbuero.de
Druck und Bindung: CPI – Clausen & Bosse, Leck
Printed in Germany

ISBN 978-3-89684-288-6

www.edition-koerber.de

Inhalt

Im Prinzip Russland

Es ist einfach zu verführerisch, ein Buch über Russland mit *Fjodor Tjuttschews* berühmtem Seufzer aus der Mitte des 19. Jahrhunderts zu beginnen: *Verstehen kann man Russland nicht, und auch nicht messen mit Verstand. Es hat sein eigenes Gesicht. Nur glauben kann man an das Land.* Oft nutzen es Russlandversteherinnen und Russlandversteher, von denen es ja in Deutschland nicht wenige gibt, als eine Art Vorbehalt. Achtung, soll das heißen, das Land ist zu fremd, zu groß, zu wild, zu eigen, um von anderen verstanden zu werden. *Tjuttschew* in dieser Absicht zu zitieren gleicht einer Kapitulation vor einer vermeintlich unlösbaren Aufgabe. Was dem Dichter, der gleichzeitig Diplomat war, übrigens nicht gerecht wird. Denn als *Westler*, wie damals in Russland all jene genannt wurden, die ihr Land als einen Teil Europas betrachteten, hat er in mehr gespielter als echter Verzweiflung ein gerüttelt Maß an Ironie in seine Zeilen gelegt.

Nun ist Russland wirklich anders, aber eben nur wie jedes Land anders ist. Vielleicht ist das Leben in diesem wahrhaft großen Land, zumal aus wohlgeordnet-deutscher Sicht, tatsächlich grotesker, absurder, exzentrischer, mitunter auch makabrer als das Leben in Zentraleuropa. Aber dieses Anderssein ist kein Rätsel. Es ist Alltag von knapp 150 Millionen Menschen und damit beschreibbar und auch zu verstehen. Russische Schriftstellerinnen und Schriftsteller, vor allem die Satiriker wie *Nikolai Gogol* und später *Michail Saltykow-Schtschedrin, Ilf und Petrow* oder *Wenedikt Jerofejew,* haben das immer wieder überragend bewiesen, und wir ergötzen uns noch heute daran.

Den Blick aus dem Westen trübt jedoch oft noch etwas anderes. Ich möchte es die Nähe im Exotischen nennen, die umgekehrt aber auch das Exotische in der Nähe sein kann. Viele Reisende erwarten in Russland etwas ganz Fremdes, treffen aber auf Europa. Allerdings auf ein *russisches* Europa. Dieses spezifisch Europäische im Russischen (oder spezifisch Russische im Europäischen) wirkt zwar fremd, aber eben oft nicht fremd genug, um die mitgebrachten Erwartungen, wie anders hier alles sei, zu erfüllen. Das verwirrt. In Afrika oder China ist das Fremde eindeutiger.

Ein anderer russischer Dichter, *Alexander Blok*, hat sich vor ziemlich genau hundert Jahren über das westliche Barbarenbild von Russland in seinem Gedicht *Die Skythen* lustig gemacht: *Ihr seid Millionen. Wir dagegen Finsternis, Finsternis, Finsternis. Versucht es, Euch mit uns zu schlagen. Ja, Skythen sind wir! Ja, Asiaten! Mit schlitzigen, gierigen Augen.*

Aus russischer Sicht ist es eben spiegelbildlich mitunter durchaus bequem, sich hinter dem vermeintlichen Nicht-verstanden-werden-Können zu verstecken. Dann muss man sich nicht so anstrengen, die jeweils neuesten Zumutungen der Moderne abzuwehren – die, trotz relativem Bedeutungsverlust, noch immer vorwiegend aus Europa, aus dem Westen kommen. Wir sind anders. Basta! Was wollt ihr denn?

Etwas früher und klüger findet sich dieses Bild übrigens schon in dem konstruierten Gegensatz zwischen Kultur und Zivilisation, wie ihn wohl am eloquentesten Thomas Mann vor hundert Jahren in seinem gewaltigen, 1918 erschienenen Essay *Betrachtungen eines Unpolitischen* für Deutschland gegenüber dem damaligen Westen, vor allem Frankreich und England, behauptete. In Russland werden Deutsche nicht selten darauf angesprochen, dass man doch eigentlich gemeinsame Sache machen müsse, da Tiefe und Kultur beide Länder verbinde und von der angelsächsisch dominierten, *merkantilen* Zivilisation trenne.

Russland ist, wie Deutschland Anfang des 20. Jahrhunderts auch, auf der Suche nach sich selbst. Dabei ist es sich, ähnlich wie ein nach Orientierung suchender Mensch, selbst oft ein Rätsel. Die Aussage, ein Land sei rätselhaft, bedeutet ja aber nicht, dass das Rätsel nicht zu lösen wäre. Man braucht nur ein wenig Geduld, Ausdauer und Einfühlungsvermögen.

Um ein Land, sein Volk oder seine Eigenheiten zu verstehen, hilft es sehr, den Leuten aufs Maul zu schauen. Sprache verrät viel über Denken und Fühlen der Menschen. Sprache ist, im positiven wie negativen Sinn, verräterisch. So wie Georg Friedrich Wilhelm Hegel es zur Aufgabe der Philosophie erklärte, *was ist, zu begreifen*, sollten wir es uns zur Aufgabe machen, Russland *buchstäblich* oder *wörtlich* zu begreifen, es *beim Wort zu nehmen* – ohne natürlich die Tat dabei zu vergessen.

Die Auswahl der Begriffe ist nicht zufällig, wohl aber subjektiv getroffen. Sie entstammen dem Alltag, es sind Begriffe, die mir politisch wichtig erscheinende Phänomene bezeichnen, und Begriffe der Mentalitätsgeschichte. Mein Ziel ist es, mit der Mischung möglichst viele gesellschaftliche und politische Lebensbereiche abzudecken und so, in einer Art Patchwork, ein größeres, ein umfassenderes Bild zu zeichnen. Die einzelnen Details ergeben dann zusammen, in der Draufsicht, (hoffentlich) ein Muster.

Jedes Kapitel kann einzeln gelesen werden. Die Reihenfolge ist ein Angebot, aber auch in jeder anderen sollte das Buch verständlich sein. In vielen Kapiteln gibt es Querverweise auf andere Begriffe, um Wiederholungen zu vermeiden, aber auch um deutlich zu machen, wie das hier Beschriebene im Leben der Menschen miteinander verbunden ist.

Ich habe dabei, inspiriert vom so wichtigen Konzept der *Symphonie* von Staat und Kirche in der christlichen Orthodoxie, das Zusammenspiel vieler unterschiedlicher Instrumente in einem Symphonieorchester vor Augen. Jedes einzelne spielt seinen Part, die Stimmen wechseln einander ab, und im Ergebnis entsteht ein harmonisches Konzert, das immer wieder durch Misstöne unterbrochen wird. Beide, Staat und Kirche, handeln eigenständig, sind aber im Idealfall darauf ausgerichtet, gemeinsam zu wirken. Wenn das gelingt, wenn jedes einzelne Instrument eines Orchesters sein Thema auf ganz spezifische Weise, aber immer im gemeinsamen Takt verfolgt, dann besteht die Chance, dass ein neues, umfassenderes Verstehen entsteht.

Zu guter Letzt: In einem Buch über Russland ist unweigerlich viel von der Sowjetunion die Rede. Sie war ein russischer Staat und doch gleichzeitig mehr. Weshalb ich, auch der besseren Lesbarkeit wegen, oft *Russland* schreibe und das Adjektiv *russisch* verwende, wenn zwar von der Sowjetunion die Rede ist, es aber um Kontinuitäten der russischen Geschichte geht. Damit sollen die einst längere oder kürzere Zeit unter russischer Herrschaft stehenden, heute unabhängigen Nachbarstaaten Russlands nicht gering geachtet werden. Im Gegenteil. Sie waren, nolens volens, Teil eines imperialen russischen oder russisch dominierten Staates, der sich zwischen 1922 und 1991 eben Sowjetunion nannte.

Jens Siegert
Moskau, im März 2021

1. Demokratie. Eine Affäre

Die russische Affäre mit der *Demokratie* blieb bisher eine eher unglückliche. Immer wenn das Land, meist in einer tiefen Krise, mit ein wenig Volksherrschaft liebäugelte, ließ die Restauration nicht lange auf sich warten. Die autoritären Herrscher verkündeten dann, nicht sie hätten das Land in die Krise geführt, sondern die demokratischen Irrwege hätten das Land in Unordnung und Chaos gestürzt. Das zeige nur ein weiteres Mal: Demokratie sei nichts für dieses so besondere Land. Das russische Volk sei für Demokratie nicht geschaffen, ja es wolle gar keine Demokratie, zumindest keine westliche. Es brauche eine harte, wenn auch väterlich-gütige Hand. So ein Riesenreich sei eben nur durch ein starkes, entschlossenes Zentrum zusammenzuhalten. Ansonsten drohe der Zerfall, schlimmstenfalls sogar das Ende Russlands. Als jüngster Beweis muss meist der Untergang der Sowjetunion herhalten, für den Michail Gorbatschow und seine Öffnungspolitik in der Perestroika verantwortlich gemacht werden. Den drohenden weiteren Zerfall Russlands, so diese Erzählung, habe nach den chaotischen 1990er Jahren unter Boris Jelzin erst der entschlossene Wladimir Putin aufgehalten, fast im Alleingang, in Tschetschenien und auch sonst. Kurz: Eine ernsthafte russische Affäre mit der Demokratie halten Restauratoren für eine fatale Mesalliance.

Demokratie sei *ein mühsames Lern- und Selbsterziehungsprojekt, das nicht über Nacht und erst recht nicht alleine durch externe Mächte installiert werden kann*, schreibt die Historikerin Hedwig Richter in ihrem 2020 erschienenen Buch *Demo-*

kratie. Eine deutsche Affäre. Auch Deutschland galt in dieser Hinsicht lange als unverbesserlich, die Deutschen als nicht *fit* oder gar *nicht geschaffen* für Demokratie. Dieselben Argumente hört man immer wieder über Russland. In Russland, von Russinnen und Russen, aber auch außerhalb des Landes.

Doch der Reihe nach. Die Affäre mit der Demokratie beginnt in Russland, für ein europäisches Land ziemlich spät, erst im 20. Jahrhundert. Nach der Abschaffung der Leibeigenschaft 1861 und einem stürmischen Wirtschaftswachstum am Ende des 19. Jahrhunderts wies das politisch in absolutistischer Herrschaft erstarrte Zarenreich am Beginn des 20. Jahrhunderts an allen Ecken und Enden Risse auf. Wegen seiner Unfähigkeit, auf die Herausforderungen der neuen Zeit zu reagieren, kam es 1905 zu einer ersten Revolution. Der Auslöser war ein Blutbad, das zaristische Truppen unter streikenden und demonstrierenden Arbeitern in der damaligen Hauptstadt St. Petersburg anrichteten, bei dem zwischen 200 und 1000 Menschen starben. Der Druck auf den reformunwilligen und vielleicht auch reformunfähigen Zaren Nikolaus II. wurde so groß, dass er einer Verfassung zustimmte – der ersten in der Geschichte Russlands. Daraufhin kam im Frühjahr 1906 das erste russische Parlament zusammen, die *Duma*. Aber nur für 73 Tage, denn der Zar machte dem Spuk schnell ein Ende und löste die Versammlung wieder auf. Doch die Kräfte dieser Restauration währten nicht lange. Die Probleme, die zur Revolution von 1905 geführt hatten, bestanden ja weiter. Der zweite und der dritte Versuch erfolgten bereits 1907. Nachdem bei den Wahlen zur zweiten *Duma* die erstmals zugelassenen sozialistischen Parteien eine Mehrheit errungen hatten, änderte der Zar einfach das Wahlrecht zugunsten der Nationalisten und regierungstreuen Parteien in der dritten *Duma*. Die vierte *Duma* trat, ebenfalls mit konservativer Mehrheit, 1912 zusammen. Sie war nur pro forma ein Parlament und in ihrem Handlungsspielraum so eingeschränkt, dass es den absolutistisch-zaristischen Staat nicht weiter störte. In dieser Hinsicht glich diese erste russische Affäre mit der Demokratie eher einer Scheinehe.

Im Ersten Weltkrieg zeigte sich die russische Armee ihren Gegnern aus dem Deutschen und dem Habsburger Reich nicht gewachsen, was wohl nicht zuletzt an der zu schwachen Wirtschaftskraft lag. Immer wieder kam es, vor allem in der Hauptstadt St. Petersburg, zu Hungerunruhen, die in einer erneuten Revolution mündeten, die diesmal jedoch erfolgreich verlief. Viele Soldaten desertierten, und der Zar musste im März 1917 (nach dem in Russland noch geltenden julianischen Kalender im Februar und deshalb *Februarrevolution* genannt) abdanken. Eine bürgerliche Regierung übernahm, unterstützt von Sozialisten und Kommunisten, die Geschäfte. Dieses Mal dauerte die Affäre etwas länger als zwölf Jahre zuvor. Doch die neue, demokratische Regierung hatte ein schweres Erbe angetreten: ein ausgeblutetes, fast bankrottes Land, das zudem politisch zerrissen war.

Im November bzw. Oktober war dann bereits wieder Schluss mit der Demokratie. Die *Bolschewiki* übernahmen in einer weiteren Revolution die Macht und ließen sie nicht wieder los. Am 12. Dezember 1917 schaffte Revolutionsführer Lenin die *Duma* per Dekret ab. In der Nacht zum 17. Juli 1918 entledigten sich die *Bolschewiki* auch des Zaren und seiner gesamten Familie. Sie wurden im Keller des *Ipatjew-Hauses* in der Ural-Metropole Jekaterinburg erschossen, ihre Leichname verscharrt.

In den folgenden vier Jahren Bürgerkrieg, der bis zu 10 Millionen Tote forderte, festigten die *Bolschewiki* ihre Herrschaft. Später erzählten auch sie, sie hätten das Land vor Chaos und Zerfall gerettet. Das Neue an ihrer autoritären Herrschaft war, dass sie für sich reklamierten, im Namen der Demokratie zu handeln, allerdings einer besseren, gerechteren Demokratie als der, die es in anderen Ländern weiter im Westen bereits gab. Sie nannten sie *Volksdemokratie*. Viele Befürworter der Demokratie glaubten an diese neue Form, auch weil das politische System der *Bolschewiki* tatsächlich viele Anzeichen eines demokratischen Gemeinwesens aufwies: Es gab Wahlen, Parlamente (*Sowjets*, Räte genannt), unabhängige Gerichte und später, ab 1936 unter Stalin, eine Verfassung, die den Bewohnern der Sowjetunion viele Rechte zusprach. Doch in Wirklichkeit war das alles nur Fassade. Die wenigen demokratischen Elemente, die es in den 1920er Jahren gegeben hatte, darunter die zeitweise Liberalisierung der Wirtschaft in der *Neuen Ökonomischen Politik*, wurden schnell wieder abgeschafft. Spätestens nach den Schauprozessen Mitte der 1930er Jahre gegen zuvor führende *Bolschewiki* bestimmte allein Stalin, was im Land geschah, wer leben durfte, und ebenso, wer sterben musste. Nach seinem Tod und aufgrund des Entsetzens über den Blutrausch und die sich selbst verschlingende Partei- und Geheimdienstmaschine folgte eine kurze Periode des *Tauwetters*. Künftig ging es etwas weniger streng zu. Nun bestimmte nicht mehr nur ein Mensch allein die Geschicke des Landes, sondern mehrere, im *Politbüro* der Kommunistischen Partei, die als *Vertreterin des Proletariats* laut Verfassung über dem Staat stand. Die Menschen wurden nicht mehr willkürlich und systematisch umgebracht, sondern (meist) nur noch eingesperrt. Womit wir bei der nächsten, einer ganz zarten Affäre eines Teils Russlands mit der Demokratie, bei den *Dissidenten*, wären.

Ab Mitte der 1960er Jahre, der Schock der blutigen Stalin-Tyrannei begann langsam nachzulassen, wagten erstmals einige wenige Menschen wieder, ihre (abweichende) Meinung öffentlich zu äußern (weshalb man sie *Dissidenten* nannte). Das war eine bunt gemischte Gruppe: Künstler und Intellektuelle, Kommunisten und gläubige Christen, russische Nationalisten und solche, die die Unabhängigkeit ihrer als *Sowjetrepubliken* bezeichneten Heimatländer forderten. Die Dissidentinnen und Dissidenten verfielen auf einen einfachen, aber wirksamen Trick, mit dem sie die Fassadendemokratie entlarvten. Sie wandten sich an die kommunistische Führung ihres Landes, die ja behauptete, im Namen des Volkes und einer (volks-)demokratischen Verfassung zu regieren: Wir haben eine Verfassung. Wir haben Gesetze. Wir wollen diesen nur zu ihrem Recht verhelfen. Vieles, was die Dissidenten also taten, war gemäß der sowjetischen Verfassung Stalins und ihrer Gesetze nicht nur nicht verboten, sondern ihr verbrieftes Recht. So entwickelten sie mit der Zeit eine *Sprache des Rechts*, wie das später genannt werden sollte. Dafür bedrängte der sowjetische Staat sie und ihre Familien. Er ließ sie verhaften, in weit entfernten Lagern wegsperren, in Psychiatrien verwahren und zwangsbehandeln, aus dem Land schaffen und ausbürgern. Manche wurden auch ermordet. Oberflächlich betrachtet bekam die Sowjetmacht ihr Problem mit den Dissidenten in den Griff. Gemessen an der Gesamtbevölkerung blieben sie eine verschwindend kleine Gruppe. Sie lösten keinen Aufstand aus und erst recht keine Revolution. Aber mit dem Verweis auf (demokratische) Rechte hatten die Dissidenten eine Saat gelegt, die 20 Jahre später aufgehen sollte. Ganz verborgen blieb das auch den Mächtigen nicht. So erließ Leonid Breschnjew 1977, ein zweites Mal nach Stalin 1936, eine Verfassung, die erneut all die Rechte zu garantieren vorgab, die die Dissidenten mutig für sich in Anspruch genommen hatten.

1985 erkannte der neue, gemessen an seinen Vorgängern erstaunlich junge Generalsekretär der Kommunistischen Partei, Michail Gorbatschow, dass es Veränderungen brauchte, wollte die Sowjetunion bestehen bleiben, und rief Perestroika und Glasnost, Umbau und Offenheit, aus. Damit begann die nächste Affäre Russlands mit der Demokratie. Dieses Mal sollte sie viel länger dauern. Die Büchse der Pandora war geöffnet und der in ihr eingeschlossene demokratische Geist entwichen. So entstanden an der Peripherie des Reiches, in den Sowjetrepubliken, mal mehr (Ukraine und Baltikum), mal weniger (vor allem in Zentralasien) starke nationale Unabhängigkeitsbewegungen. In Russland stand die Frage nach den Opfern des stalinistischen Terrors im Vordergrund. Währenddessen zeigte die sowjetische Wirtschaft immer mehr ihre Unfähigkeit, wenigstens den bescheidenen sowjetischen Wohlstand weiterhin zu sichern. Demokratie war in Russland auch deshalb attraktiv, weil sie im Westen Teil eines Systems war, das ein besseres Leben versprach. Bald zwangen Massenbewegungen an allen Enden der Sowjetunion die schon müde gewordene Diktatur in die Knie.

Die Veränderung erfolgte diesmal demokratisch. Die beiden bis heute wohl freiesten Wahlen in der russischen Geschichte fanden noch in der Sowjetunion statt. 1990 wurde eine neue Volksvertretung mit erstmals nicht von der Kommunistischen Partei vorgegebenen Kandidaten gewählt. 1991 folgte die Wahl von Boris Jelzin zum Präsidenten der *Russi-*

schen Sozialistischen Föderativen Sowjetrepublik. Sein damaliger Konkurrent um die Macht, der sowjetische Präsident Michail Gorbatschow, war noch von dem nach alten sowjetischen Regeln bestimmten *Kongress der Volksdeputierten* gewählt worden. Nach dem gescheiterten Putschversuch gegen ihn und die Perestroika im August hörte die Sowjetunion am 25. Dezember 1991 auf zu existieren. Russland erklärte sich nun, wie alle anderen Sowjetrepubliken für unabhängig, wenn auch nicht ganz klar wurde, wovon. Fortan gab es zwei frei gewählte Institutionen: das Parlament und den Präsidenten. Diese zweifellos demokratische Legitimation der beiden höchsten Repräsentanten des Volkes war etwas Neues und bis dahin Unerhörtes in der russischen Geschichte.

Beide Institutionen verfolgten jedoch ganz unterschiedliche Pläne. Im Parlament hielten weiter Kommunisten die Mehrheit, die das Ende der Sowjetunion ebenso ablehnten wie die Einführung einer neuen Wirtschaftsform. Präsident Jelzin dagegen ernannte eine Reformregierung, deren wichtigste Aufgabe der Übergang zur Marktwirtschaft war. Fast zwei Jahre lang, von Dezember 1991 bis Oktober 1993, dauerte dieser Machtkampf. Alle Versuche, zwischen Präsident und Parlament zu vermitteln, scheiterten. Es kam zu keinem Kompromiss, weil beide Seiten die ausschließliche Macht für sich beanspruchten. Beide hatten weder eine Vorstellung davon noch Erfahrung darin, wie in einem demokratischen Staat Macht auf Dauer geteilt werden kann, im Übrigen genauso wenig wie ein großer Teil der Bevölkerung und ihrer jeweiligen Unterstützer. Woher auch? Das dazu notwendige komplexe und stets prekäre Gleichgewicht von Autonomie und gegenseitiger Kontrolle hatte in Russland noch nie existiert. Ebenso wenig das Vertrauen der Konkurrenten, dass der Gewinner sich an die vereinbarten Regeln halten und den Verlierer nicht vernichten würde. Das verwundert nicht, hatten doch alle Beteiligten das politische Handwerk in der Sowjetunion erlernt. Vor allem aber wurde unterschätzt, dass eine stabile Demokratie überzeugte Demokratinnen und Demokraten braucht. Und zwar nicht nur auf der Straße, sondern auch und besonders in den Institutionen und an den Schalthebeln der Macht.

Am Ende dieses Ringens gewann mit Jelzin derjenige, der sich die Macht über die Panzer und Gewehre sichern konnte. Er ließ am 3. Oktober 1993 das Weiße Haus an der Moskwa, den Sitz des Parlaments, von Panzern beschießen und die Führung des *Obersten Sowjets* und seinen zu ihr übergelaufenen Stellvertreter *Alexander Ruzkoj* verhaften. Dabei starben in Moskaus Straßen während zweitägiger Scharmützel mindestens 300 Menschen. Die Verlierer behaupten bis heute, es seien viel mehr gewesen, und beschuldigten Jelzin, sich an die Macht geputscht zu haben. Etwas Grundlegendes hatte sich jedoch geändert: Anstatt, wie früher üblich, am Galgen, im Straflager oder im Exil zu landen, wurden die (aus Sicht des siegreichen Präsidenten) Aufständischen bald wieder freigelassen. Einigen gelang später sogar eine politische Karriere.

Zwei Monate danach, Mitte Dezember 1993, ließ Jelzin über eine neue, schnell ausgearbeitete Verfassung abstimmen und auf ihrer Grundlage gleich ein neues Parlament wählen. Neben der in Verfassungsdingen unziemlichen Eile bestanden Zweifel, ob tatsächlich die erforderlichen 50 Prozent der Wahlberechtigten für die Verfassung gestimmt hatten. Die bürgerkriegsähnlichen Unruhen, die Eile und die Fälschungsvorwürfe sind ein wichtiger Grund, warum viele

Menschen die Verfassung von 1993 bis heute ablehnen. Bei den nächsten Präsidentenwahlen im Mai 1996 sicherte sich Boris Jelzin den Sieg gegen seinen kommunistischen Herausforderer *Gennadij Sjuganow* durch eine beispiellose Kampagne. Noch Anfang des Jahres hatte er in Umfragen bei unter 10 Prozent gelegen und war damit *Sjuganow* hoffnungslos unterlegen. Dass Jelzin wiedergewählt wurde, verdankte er der Unterstützung einer kleinen Gruppe phantastisch reicher Unternehmer (den sogenannten Oligarchen) und der Nutzung der seither so genannten *administrativen Ressourcen*, also des Staatsapparates und seiner Kontrolle über die Medien. Jelzin und seine Unterstützer rechtfertigten dieses undemokratische Vorgehen damit, dass es ihnen um Demokratie, Marktwirtschaft und Wohlstand gegangen sei und sie eine Rückkehr zu Kommunismus, Diktatur und Armut verhindern wollten. Der Westen stützte Jelzin aus denselben Gründen und legte somit den Grundstein für das spätere Misstrauen vieler Menschen, dass es ihm tatsächlich um Demokratie und nicht nur seine eigenen Interessen gegangen sei und gehe.

Die Wirklichkeit war selbstverständlich komplizierter, wie es jede Affäre eben auch ist. Es gab in den 1990er Jahren zwar zweifellos unvergleichlich viel mehr Freiheit in Russland als jemals zuvor, aber die Demokratie blieb schwach. Die junge Marktwirtschaft zeigte sich von ihrer hässlichsten, weil fast völlig ungeregelten Seite. Einige wenige wurden sehr reich, während die Masse der Menschen verarmte. Von Wohlstand in diesem Jahrzehnt kann keine Rede sein. Im Gegenteil. Zwischen 1991 und 1998 sank die Wirtschaftsleistung in Russland um etwa 50 Prozent. In der modernen Geschichte ist ein solcher Fall beispiellos. Das ohnehin nicht sonderlich reiche Land war noch viel ärmer geworden. Für einen großen Teil der Bevölkerung ging es dabei schlicht ums Überleben. Im August 1998 brach dann das Kartenhaus aus Misswirtschaft, schwachem Staat, Korruption und ausländischen Krediten zusammen. Die Regierung musste ihre Zahlungsunfähigkeit erklären. Der politische und wirtschaftliche Tiefpunkt war erreicht.

Russlands Flirt mit der Demokratie blieb jedoch nicht folgenlos. Das Land war in den 1990er Jahren zwar freier und auch ein bisschen demokratischer geworden. Tatsächlich aber verbinden die meisten Menschen in Russland bis heute Demokratie nicht in erster Linie mit Freiheit, sondern eher mit Chaos, Armut und einem schwachen Staat. Demokratie, so scheint es vielen, schützt eher die Starken vor den Schwachen als umgekehrt. Ein Jahr nach dem drohenden Staatsbankrott ernannte der schon längere Zeit kranke und kaum noch amtsfähige Boris Jelzin Wladimir Putin zum Premierminister und am Silvestertag 1999 zu seinem vorerst kommissarischen Nachfolger. Im März 2000 gewann Putin die Präsidentenwahlen, nicht zuletzt, weil er sich als das völlige Gegenteil von Jelzin präsentierte: jung, gesund, tatkräftig. Die Idealbesetzung für einen starken Staat.

Wladimir Putin war geschickt, aber er hatte auch Glück. Denn entscheidend für seinen Erfolg war, dass die russische Wirtschaft bereits wieder zu wachsen begonnen hatte, bevor er erst Premierminister und dann Präsident wurde. Das hatte vor allem drei Gründe, und nur für den dritten zeichnete Putin selbst verantwortlich: die Abwertung des Rubels nach der kurzfristigen Zahlungsunfähigkeit des Staates im August 1998 um das Sechsfache, die wie ein riesiges staatliches Konjunkturprogramm wirkte; ein rasant, wie nie zuvor wachsender Ölpreis sowie Direktinvestitionen aus dem Ausland als Reaktion auf eine stabilere politische Situation und vorsichtige Wirtschaftsreformen in Putins erster Amtszeit. Vor allem der jährlich um bis zu 70 Prozent steigende Ölpreis half Putin, den Staat wieder handlungsfähig zu machen.

Der Gerechtigkeit halber muss aber auch gesagt werden, dass Putin die neuen Mittel nutzte, um die Renten und die Gehälter der Staatsbediensteten wieder regelmäßig zu zahlen, und auch, dass er private Arbeitgeber ebenfalls dazu zwang – für die Mehrheit der Menschen das Wichtigste. Zwar wurden auch unter Putin die Reichen schneller reicher als die Armen weniger arm, aber fast ein Jahrzehnt lang stiegen Renten und Gehälter für die allermeisten Menschen. Gleichzeitig begann Putin damit, viele politische Beteiligungs- und Freiheitsrechte, die den Menschen nach dem Ende der Sowjetunion gewährt worden waren (oder die sie sich erkämpft hatten), Stück für Stück wieder einzuschränken.

Der Moskauer Wirtschaftswissenschaftler *Alexander Ausan* beschrieb das unter Putin in den 2000er Jahren entstandene Verhältnis von Menschen und Staat einmal als einen *ungeschriebenen Gesellschaftsvertrag*: Putin habe für Stabilität gesorgt, für Wirtschaftswachstum und dafür, dass bei möglichst vielen Menschen zumindest etwas vom neuen Reichtum ankam. Dafür mischten sich die (meisten) Menschen nicht (mehr) in die Politik ein. Diejenigen, die das trotzdem taten, mussten dafür nun (wieder) öfter Ärger mit dem Staat in Kauf nehmen. Die Zustimmung zu dieser Politik war groß. Nach den schwierigen, unberechenbaren 1990er Jahren, in denen sich ständig alles änderte, wünschte sich ein großer Teil der Bevölkerung offenbar vor allem eins: Stabilität und

Ruhe. Die Freiheit wurde zwar wieder eingeschränkt, blieb aber immer noch unvergleichlich viel größer als zu sowjetischen Zeiten.

Das ging gut, bis auch Russland 2008/2009 die Auswirkungen der Weltfinanzkrise zu spüren bekam. Sie traf das Land hart, härter als die politische Führung anfangs einzugestehen bereit war. Inzwischen hatte Putin Dmitrij Medwedjew zum Präsidenten gemacht, weil ihm die Verfassung eine weitere, eine dritte Kandidatur verweigerte. Er blieb aber auch als Premierminister der eigentliche Herrscher. Präsident Medwedjew reagierte auf die Krise mit der Ankündigung, Russland müsse sich *modernisieren*, wolle es bestehen und nicht in der internationalen Konkurrenz (gemeint war natürlich in erster Linie: mit dem Westen) erneut zurückfallen. Für viele Menschen war klar, dass sich nicht nur wirtschaftlich, sondern auch politisch etwas ändern müsse. Als Putin jedoch im September 2011 erklärte, er werde bei den nächsten Präsidentschaftswahlen im März 2012 erneut antreten, machte sich, vor allem bei jungen und gebildeten Menschen in den großen Städten, Enttäuschung breit. Der stillschweigende Konsens der 2000er Jahre zeigte Risse und zerbrach schließlich angesichts der hemmungslos zugunsten der Kremlpartei *Einiges Russland* gefälschten Parlamentswahlen am 4. Dezember 2011.

Vielen erschien Putin mit seinen inszenierten Männerposen, dem entblößten Oberkörper oder beim Tauchen nach antiken Amphoren plötzlich nicht mehr als der starke Macher, der alles allein zusammenhält, sondern als ein wenig altmodisch und peinlich. Zwei oder drei Monate lang sah es so aus, als könnte sich etwas ändern. Die ersten Massendemonstrationen seit Putins Machtantritt schienen seine

Herrschaft erstmals ernsthaft gefährden zu können. Doch dann schlugen er und sein Staat zurück. Demonstranten wurden in manipulierten Verfahren zu langen Haftstrafen verurteilt, und binnen kurzer Zeit beschloss das Parlament mehr als 30 neue Gesetze, die alle nur ein Ziel hatten: die Macht Putins und des von ihm geschaffenen politischen Regimes zu festigen und die Rechte und Freiheiten der Opposition zu beschneiden. Mit der Annexion der Krim im März 2014 erfand sich Putin dann vollends neu. War er anfangs als Garant für Wohlstand und Sicherheit aufgetreten, inszenierte er sich nun als derjenige, der Russland wieder *von den Knien erhob* und ihm seinen Status als Großmacht zurückgab – was dem Land in den Augen einer überwiegenden Mehrheit auch zustand.

Der Zerfall der Sowjetunion und der Abstieg Russlands von einer der beiden Supermächte zu einer *Regionalmacht* (Barack Obama 2014) stellte für viele Menschen in Russland eine tiefe, durchaus auch narzisstische Kränkung dar. Putin heilte in ihren Augen diese Demütigung nun. Seine Popularitätswerte stiegen auf über 80 Prozent. Man sprach von einem neuen Konsens in der russischen Gesellschaft, dem *Krim-Konsens*. Putins Unterstützer erklärten, es herrsche nun Einheit von Führung und Volk. *Wjatscheslaw Wolodin*, damals einer der wichtigsten Beamten in der Kreml-Administration, behauptete sogar, *mit Putin gebe es Russland, ohne Putin nicht*. Der *Krim-Konsens* trug bis etwa 2018. Dann begann die nationale Euphorie abzuflauen, und die alltäglichen Nöte drängten wieder in den Vordergrund: die schwelende Wirtschaftskrise, die seit Jahren sinkenden Einkommen, die allgegenwärtige Korruption, die Umweltprobleme, die Defizite im Gesundheitswesen und in der Bildung. 2020 kam noch die Pandemie hinzu. Es gibt erste Anzeichen, dass angesichts dessen immer mehr Menschen im Land einer neuen Affäre mit mehr Demokratie nicht abgeneigt zu sein scheinen.

Es gibt noch eine zweite Erzählung über Putins Regierungszeit: Sie sei auch die Zeit des Aufstiegs einer immer stärker werdenden russischen Zivilgesellschaft. Je mehr Freiheiten Putin einschränkte, je härter er mit seinen Gegnern umging, umso entschlossener, professioneller, aber auch jünger und politischer wurden diejenigen, die sich das alles nicht gefallen lassen wollten. Der oppositionelle Politiker *Alexej Nawalnyj* versteht es wohl von allen am besten, diese neuen Stimmungen in politische Aktion(en) umzuwandeln. Heute gibt es im ganzen Land Bürgerinitiativen. Das politische System unter Präsident Putin weist viele Elemente eines autoritären Staates auf, aber es gibt trotzdem immer noch viele Menschen in Russland, die um ihre Rechte und Freiheiten kämpfen und versuchen, ihre Interessen auch gegen diesen Staat durchzusetzen. Das ist zwar oft nicht ungefährlich, aber Putin und die Seinen sind nicht gänzlich unempfänglich für die Botschaften des Protests und in Umfragen zum Ausdruck kommenden Stimmungen. Sie brauchen, gerade ohne funktionierende demokratische und damit Legitimation gewährende Institutionen, immer wieder die Zustimmung der Menschen und suchen diese auch. Mehr noch: Viele Bürgerinnen und Bürger sind davon überzeugt, dass es eine Aufgabe des Staates ist, ihnen zuzuhören und ihre Interessen zu berücksichtigen.

Wie steht es also mit der Zukunft der russischen Affäre mit der Demokratie? Zunächst gilt: Sie ist längst noch nicht zu Ende, sondern fängt gerade erst an. Das Lewada-Zentrum, das letzte unabhängige Umfrageinstitut in Russland, fragt seit Anfang der 1990er Jahre regelmäßig die Bevölkerung, was sie von Demokratie halte. In diesen 30 Jahren hat sich stets eine stabile Mehrheit von zwischen 70 bis 80 Prozent für ein demokratisches Russland ausgesprochen. Warum aber wählen dann so viele Menschen Putin und Parteien, die demokratische Rechte einschränken? Eine zentrale Rolle in der Akzeptanz von Demokratie spielt die Garantie von Wohlstand – und das übrigens nicht nur in Russland. Fast überall auf der Welt scheinen Menschen eher geneigt zu sein, autoritäre Strukturen und die Beschränkung individueller Rechte zu akzeptieren, wenn ihnen im Gegenzug ein wirtschaftliches Auskommen oder ein angemessener Wohlstand garantiert wird.

Viele Menschen sind davon überzeugt, wie ich im Übrigen auch, dass unter der Präsidentschaft Putins Freiheit und Demokratie eingeschränkt wurden. Damit sind wir aber in Russland in der Minderheit. Die Umfragen des Lewada-Zentrums zeigen nämlich, dass fast zwei Drittel der Bevölkerung der Meinung sind, das heutige Russland sei ein demokratisches Land. Zumindest sei es demokratischer als in den 1990er Jahren unter Präsident Boris Jelzin – mit steigender Tendenz. Die Meinungen über Demokratie in Russland gehen also weit auseinander. Nur etwa jeder Sechste sagte 2015, sie solle der im Westen gleichen. Etwa ebenso viele wollten eine *Demokratie wie in der Sowjetunion*. Fast die Hälfte aller Befragten aber glaubt, dass die Demokratie in Russland *ganz besonders* sein soll, eine, die den *nationalen Traditionen und Besonderheiten des Landes* entspreche. Gleichzeitig sagt etwa ein Drittel, dass es in einer *Marktwirtschaft mit demokratischen Institutionen* leben wolle, in dem die *Menschenrechte beachtet* werden. Wem das widersprüchlich erscheint, der hat recht. Aber so sind Menschen nun einmal. Russland macht da keine Ausnahme.

Die Demokratie hat in Russland durchaus eine Lobby. Gestritten wird meist über die Frage, wie diese ausgestaltet ist. Dabei sollte nicht vergessen werden, dass die Russinnen und Russen erst seit vergleichsweise kurzer Zeit Erfahrungen mit demokratischen Strukturen machen. Es wäre verwunderlich, wenn gleich die ersten Versuche dauerhaft und stabil gewesen wären. Der Blick in Länder, deren Transformation zu Demokratie bereits länger zurückliegt, zeigt: Man erreicht diese selten auf einem geradlinigen Weg und nie ohne Fehler und Rückschritte. Aber jeder Versuch und auch jedes Scheitern führen zu Erfahrungen, die beim nächsten Mal helfen können. Der irische Dramatiker Samuel Beckett hat das einmal so ausgedrückt: *Ever tried, ever failed, no matter! Try again, fail again, fail better!*

2. Das Prinzip. Mitten im Leben

Jerewan, etwas altmodischer und in Deutschland besser als Eriwan bekannt, ist die Hauptstadt von Armenien. Viele Menschen dürften die Stadt vor allem wegen der *Radio-Eriwan-Witze* kennen. Mit diesen Witzen versuchten sich die Menschen in der Sowjetunion die Absurditäten ihres Lebens auf ironische Distanz zu halten und damit erträglicher zu machen. Diese Aufgabe bestimmte die immer wiederkehrende Struktur der Anekdoten: *Frage an Radio Eriwan: Stimmt es, dass man in der Schweiz den Sozialismus einführen könnte? Antwort: Im Prinzip ja, aber es wäre schade um das schöne Land.* Mit Jerewan oder Armenien haben diese Witze mehr zu tun gehabt, als man hierzulande dachte. Der Legende nach ist die Bezeichnung in den 1960ern aufgetaucht, nachdem ein Sprecher im armenischen Radio folgenden famosen Satz gesagt haben soll: *In der kapitalistischen Welt beutet der Mensch den Menschen aus. Im Sozialismus ist es genau umgekehrt.* Aber das ist sicher nur ein Gerücht. *Im Prinzip ja – im Prinzip nein:* Russland war und ist das Land des Prinzips.

Oft geht es dabei um den Widerspruch zwischen Anspruch und Wirklichkeit. Der war in der Sowjetunion nicht selten ein höchst materieller, wie diese Anekdote verdeutlicht: Ein Mann steigt an einem der Moskauer Bahnhöfe in ein Taxi und verlangt, zum GUM, dem berühmten Staatlichen Universalkaufhaus am Roten Platz gefahren zu werden. Das Taxi fährt los. Nach einer Weile sagt der Mann, er wolle sich einen Wintermantel kaufen, und fragt den Fahrer, ob es die im GUM gebe? *Im Prinzip ja,* lautet die Antwort. Und

Schuhe? *Im Prinzip ja.* Beruhigt lehnt sich der Fahrgast zurück, um dann, plötzlich, ganz aufgeregt dem Taxifahrer auf die Schulter zu tippen. Er habe es sich überlegt und wolle doch lieber statt ins GUM *ins Prinzip* gefahren werden.

Im Prinzip, so weiß in Russland jeder und jede, gibt es alles und nichts, ist alles und nichts gleichzeitig möglich. Ein Land wie Schrödingers Katze. Ein Nein zum Beispiel ist noch lange kein Nein, so wie ein Ja kein verbindliches Ja bedeutet. Beides sind eher lockere Richtungsangaben. Das ist in einem Land zunächst verwunderlich, in dem eher gilt: verboten ist, was nicht erlaubt, als: erlaubt ist, was nicht verboten ist. Andererseits ist das Leben das Leben. Wo es so viele Verbote gibt, es mitunter unmöglich ist, sich ohne übermäßigen Aufwand an die Regeln zu halten oder diese schlicht widersprüchlich sind, findet das wirkliche Leben eben eigene Wege. In Moskau wird über den sowjetischen Atomphysiker *Igor Kurtschatow*, einen der *Väter der sowjetischen Atombombe*, erzählt, er habe bei der Planung des nach ihm benannten Instituts angeordnet, mit der Anlage von Fußwegen bis zum ersten Winter zu warten. Im Schnee werde man dann schon sehen, welche Wege für die Menschen die geeignetsten seien. Es gibt viele solch lebenskluger Leute in Russland.

Ein Nein in Russland ist mitunter eine Aufforderung zu verhandeln. Dann geht es darum, herauszufinden, was getan werden kann, um das kategorische Nein abzumildern, es vielleicht in ein *eher nicht* oder gar ein *eventuell* umzuwandeln. Das hat natürlich auch mit der sehr alltäglichen Korruption zu tun. Viele *im Prinzip* kostenlose staatliche Dienstleistungen sind nur oder sehr viel einfacher und oft in besserer Qualität zu bekommen, wenn ein bisschen Geld den Besitzer wechselt. Das ist derart weit verbreitet, dass sich Menschen ehrlich sorgen, wenn sie ihren kleinen Bonusumschlag für die Krankenschwester, den Sachbearbeiter oder die Lehrerin nicht losgeworden sind. Es ist eine Kunst für sich, die richtige Gabe (*konjak* oder *konfety*, also Cognac oder Pralinen) oder die richtige Summe zu wählen. Eine zweite Kunstfertigkeit besteht darin, wie diese übergeben wird. Im Zweifel gilt: nie von Hand zu Hand. Den Umschlag, wie zufällig, auf den Tisch legen und beim Gehen absichtlich vergessen.

Aufgrund der nur allzu ermüdenden und frustrierenden Widrigkeiten des Alltags kommt es aber auch vor, dass die vorgeschriebene Härte eines Neins Mitleid beim (meist) staatlich lizenzierten Neinsager auslöst. Wir wollten vor vielen Jahren in unserer Wohnung eine Wand einreißen, um die Küche zu vergrößern. Dafür braucht es, das ist nur vernünftig, eine Genehmigung vom städtischen Bauamt. Die entsprechende Kommission hatte einmal in der Woche für drei Stunden geöffnet. Im Warteraum saßen regelmäßig mehr als 20 Antragsteller und Antragstellerinnen, aber nur acht kamen dran. Eine Tafel informierte über 25 notwendige Dokumente für die Antragstellung, darunter mehrere, die von anderen Kommissionen ausgestellt wurden und oft nur für einen kurzen Zeitraum gültig waren. In den Gesprächen in der Schlange zeigte sich schnell, dass das ohne professionelle Hilfe nicht zu schaffen ist. Diese Hilfe bot eine private Firma an, die ihr Büro zufälligerweise auf dem gleichen Flur wie die staatliche Kommission hatte. Wir haben damals, nolens volens, die nicht billigen Dienste dieser Firma in Anspruch genommen. Die Schlangen sind heute meist kürzer, die Anmeldung oft sogar elektronisch über das Internet oder einen aufgestellten Automaten geregelt. Die Beratungsfirmen sitzen nicht mehr in denselben Gebäuden. Aber das

Prinzip der unerfüllbaren Regeln und der *dringendst empfoh-
lenen* professionellen Hilfe ist weitgehend das gleiche geblieben. Ohne sie sind viele Forderungen der Behörden kaum
zu erfüllen.

In vielen Fällen sind die widersprüchlichen oder komplizierten staatlichen Regelungen also kein Zufall, sondern
haben System. Ein System übrigens, dass die Tendenz hat,
sich immer wieder aus sich selbst heraus zu erneuern und
diejenigen auszustoßen, die nicht mitzumachen bereit sind.
Posten werden verkauft, und dieser Kaufpreis muss wieder
erwirtschaftet werden. Wer seinen Posten behalten will,
muss zudem einen Anteil des so Erwirtschafteten nach oben
abgeben, sonst ist sie oder er schnell (wieder) draußen. Die
Auffassung, dass die Bürgerinnen und Bürger dem Staat etwas *schulden*, ist weit verbreitet. Sehr oft ist davon die Rede,
man müsse seiner Schuld dem Staat oder der Nation gegenüber nachkommen. Für den Staat ist es bequem, die anderen
im Zustand einer Schuld zu wissen. All das zusammen führt
in Russland dazu, dass (fast) jeder und jede (fast) immer für
irgendetwas belangt werden kann. Dazu bräuchte es, wegen
der widersprüchlichen Gesetze, die einzuhalten mitunter
schlicht unmöglich ist, nicht einmal eine korrupte und der
Administrative untergeordnete Justiz. Vielleicht ist aber gerade das, die offensichtlich auswegslose Situation, ein Grund,
warum der Beamte, der festgestellt hat, es fehle dieses oder
jenes Dokument, es habe nicht die richtige Form oder den
falschen Stempel, kurz darauf mit dem unglücklichen Bürger oder der unglücklichen Bürgerin auf der Suche nach einem Ausweg aus dieser misslichen Lage ist. Noch einmal: Ein
Nein ist in Russland oft kein endgültiges Nein.

Die Kehrseite dieses sehr bedingten Neins ist ein ebenso wenig standfestes Ja. Ein Ja in Russland ist oft, je nach Gegenüber und Situation, wenig verlässlich. Oder anders: Sich darauf (zu früh) zu verlassen, kann riskant sein. Ebenso wie es ein Nein aus Mitleid gibt, gibt es ein entsprechend schwaches Ja. Die Umstände haben sich geändert, wenn die Zeit gekommen ist, das Ja einzulösen, oder die Regeln. Leider gern auch einmal rückwirkend. Das bezieht sich auch auf den Staat und seine Regeln. Viele Gesetze sind so wolkig formuliert, dass sie jede Menge Interpretationsspielraum bieten. Oberster Interpret ist selbstverständlich der Staat, der *im Prinzip* viele Rechte gewährt, sie im wirklichen Leben aber nicht schützt oder sogar selbst einschränkt. Das sind die Nachteile eines Lebens im Ungefähren. Einen kleinen Vorteil gibt es aber auch hier: Vieles ist verhandelbar.

Diese Unschärfe des täglichen Lebens macht Russland zu einem eigentlich *unmöglichen* Land. Vieles, was anderswo möglich ist, ist es hier nicht. Aber ebenso ist vieles, was anderswo unmöglich ist, hier auf wundersame Weise möglich. Ich nenne Russland deshalb in Anlehnung an das amerikanische Bonmot vom *Land der unbegrenzten Möglichkeiten* das *Land der unbegrenzten Unmöglichkeiten*. Das bedeutet allerdings nicht, in Russland sei nichts möglich oder alles unmöglich. Es ist nur alles sehr unbestimmt. Man sollte nichts als gegeben hinnehmen. Anders als in Murphys berühmtem Gesetz geht in Russland nicht alles schief, was schiefgehen kann. Mehr noch: Selbst das, was nach aller Erfahrung schiefgehen wird (weil es einfach zu unmöglich ist), hat in diesem Land die Chance, wahr zu werden. Vielleicht ist sie klein, aber es ist eine Chance.

Das klingt, als müsse man sich in Russland nicht anstrengen. Nein, das muss man schon. Sehr sogar. Überall tun sich große Hindernisse auf. Leicht ist hierzulande wenig. Die Hindernisse sind mitunter sogar so groß und erscheinen so mächtig und unüberwindbar, dass manche Besucher es schlicht *unmöglich* finden, in Russland zu leben. Doch die multiplen Unmöglichkeiten sind nicht nur eine Bürde. Sie bieten selbst in der größten Verzweiflung noch Hoffnung. Wenn etwas scheinbar Unmögliches in Russland möglich wird, dann ist das oft wunderbar. Jedenfalls *im Prinzip*.

3. Die Schlange.
Warten als Lebensform

Irgendwann in den 1930er Jahren wand sich in Leningrad eine lange Menschenschlange um einen düsteren roten Backsteinkomplex am Nordufer der Newa. Es war Winter und sehr kalt. Der Wind pfiff eisig. In der Schlange standen fast nur Frauen, alle mit kleineren oder größeren Päckchen und Paketen. Unter ihnen eine schlanke, fast hagere, hohe und dunkelhaarige Gestalt, *Anna Achmatowa*, die vielleicht berühmteste Dichterin russischer Sprache. Das Gebäude war das berüchtigte Leningrader Untersuchungsgefängnis *Kresty* (so genannt, weil es die Form eines Kreuzes hat). Die Frauen standen an, um ihren verhafteten Männern, Vätern und Brüdern Dinge zu bringen, die das Überleben im *Gulag*, in den sie zweifellos geschickt werden würden, ein bisschen wahrscheinlicher machen sollten. Das waren vor allem haltbare Lebensmittel wie Konserven, warme Kleidung, aber auch Tabak, der im Gefängnis oder im Lager gegen vielerlei anderes eingetauscht werden konnte.

Eine Frau erkennt die berühmte, wenn auch verfemte Dichterin. *Anna Achmatowa* schildert diese Szene selbst in der Vorrede zu ihrem monumentalen Gedichtzyklus *Requiem*, der den Opfern des sowjetischen Terrors gewidmet ist: *Die Frau flüstert mir ins Ohr: Können sie das beschreiben? Und ich sagte: Ja, ich kann. Da glitt so etwas wie ein Lächeln über das, was einmal ihr Gesicht gewesen war. Ich war damals mit meinem Volk, dort, wo mein Volk, zum Unglück, war.* In der Schlange. Mit dem Volk. Was in der Zeit des *Großen Terrors*, dieser neben dem deutschen Überfall wohl finstersten Stunde Russlands, galt, gilt für die gesamte Zeit der Sowjetunion. Das Schlangestehen ist keine Ausnahme, es ist immer da. Die Schlange gleicht einem Naturereignis wie dem Regen oder dem Winter. Niemand fragt nach dem Warum. Aber alle müssen sich mit dem Wie beschäftigen. Erfolgreiches Schlangestehen entschied über ein besseres oder schlechteres Leben und, zu gewissen Zeiten, sogar mitunter über das Überleben. Mit Schlangen begann die Sowjetunion und mit Schlangen endete sie. Schlangen hungriger Arbeiterinnen und Arbeiter lösten den Aufstand gegen die Zarenherrschaft 1917 in *Petrograd* mit aus. Lange Schlangen vor leeren Geschäften waren einer der Nägel, die um 1990 den Deckel zum Sarg der Sowjetunion fest verschlossen.

Schlangen gibt es in Russland auch heute noch. Aber nun sind sie eher die Folge schlechter Organisation, manchmal noch des arroganten und paternalistischen Verhältnisses der (Staats-)Macht ihren Bürgerinnen und Bürgern gegenüber. In der Sowjetunion aber waren sie Teil des Systems, des Wirtschaftssystems. Es gab mal mehr, mal weniger Schlangen, aber schlangenfreie Zeiten gab es zwischen 1917 und 1991 nie. Da alle Wirtschaft geplant wurde, war die Schlange der sichtbare Ausdruck des Mangels, den die Wirtschafts- und Investitionsentscheidungen der politischen Führung geschaffen hatten. Und die gab, bis auf wenige, meist kurze Ausnahmen, der Schwer- und der Rüstungsindustrie den Vorrang vor der Produktion von Konsumgütern und mitunter sogar von Nahrung. Die Folge war ein systematischer Mangel an allem, was Menschen zum täglichen Leben brauchen.

Die Schlange, dieses Symbol des bittenden Menschen, verweist gleichzeitig auf eine vom Staat gewollte und forcierte Unselbstständigkeit, ja Infantilisierung des Sowjetmenschen und damit auf seine Unfreiheit. Der sowjetische Staat nahm den Menschen sehr bewusst sowohl das Recht als auch die Fähigkeiten und Mittel zur Selbstversorgung. Aus Bauern wurden Landarbeiter. Und die Arbeiterinnen und Arbeiter, die der marxistisch-leninistischen Ideologie entsprechend die Ketten der kapitalistischen Ausbeutung sprengen sollten, wechselten, um im Marx'schen Jargon zu bleiben, nur den Sklavenhalter. Sie gehörten nun nicht mehr dem Großgrundbesitzer und Kapitalisten, sondern dem Parteifunktionär mit seinem Geheimdienstapparat. Der Staat beutete das Land und die Leute wie eine Kolonie aus. Für die Erniedrigung durch diese *innere Kolonialisierung* ist die Schlange das sichtbarste Symbol. Beim Staat, dem alles gehörte, musste das Volk für alles anstehen. Fürs Essen wie für Kleidung, für eine Wohnung wie für Genehmigungen aller Art. Es galt nicht das Prinzip: Erlaubt ist, was nicht verboten ist, sondern: Es ist alles verboten, was nicht ausdrücklich erlaubt ist. Dieses Denken wirkt bis heute nach und ist beim Staat, aber auch bei vielen Menschen immer noch weit verbreitet.

Wer außerhalb dieses Systems, also an der Schlange vorbei, etwas eigenständig produzierte, vertrieb oder erwarb, bekam die ganze Schwere des sowjetischen Strafgesetzes zu spüren. Das war Diebstahl am Gemeinwesen. Der Menschenrechtsanwalt *Jurij Schmidt* erzählt in seinem Erinnerungsbuch *Ich war Anwalt*, wie er in den 1970er und 1980er Jahren viele dieser sogenannten Spekulanten verteidigte. Zum Beispiel einen Schneider in Südrussland, der die Abschnittreste einer Textilfabrik von Hausfrauen zu dekorativen Kissenbezügen verarbeiten ließ und sie verkaufte. Oder drei Studenten in Jaroslawl, einer Bezirksstadt 250 Kilometer nördlich von Moskau, die als Ferienarbeit mit dem Spaten einen Graben für Kanalisationsrohre ausheben sollten. Sie hatten dafür vier Wochen Zeit. Stattdessen liehen sie sich gegen einen kleinen Obolus von einer benachbarten Baustelle den nachts nicht gebrauchten Bagger und hatten den Graben in einer Nacht fertig. Schneider wie Studenten wurden dafür ins Straflager geschickt.

Aber Schlange ist nicht gleich Schlange. Es gab einerseits die alltäglichen Schlangen, für Lebensmittel, Kleidung, Haushaltstechnik oder Theaterkarten, in denen die Menschen buchstäblich standen. In diesen war Erfolg oder Misserfolg recht schnell spürbar. Es konnte ein paar Stunden dauern, mitunter auch einen ganzen Tag, aber schließlich kam man entweder an die Reihe oder es war alles ausverkauft. Es gab aber auch unsichtbare, heute würde man sagen virtuelle Schlangen. Für Wohnungen, für Autos oder die solide Wohnzimmerschrankwand aus der Tschechoslowakei. In diesen unsichtbaren Schlangen musste niemand anstehen. Aber sie dauerten. Monate, Jahre, manchmal sogar Jahrzehnte. Manche dieser Schlangen lösten sich erst mit dem Ende der Sowjetunion auf.

Richtig, sprich erfolgreich Schlangestehen war (und ist) in Russland eine notwendige, hochentwickelte und sehr nützliche soziale Kompetenz. Es gibt dafür allgemeine Regeln. Und es gibt kleinere oder größere Tricks, diese Regeln zu umgehen oder zumindest ein wenig zu eigenen Gunsten zu beugen. Man darf sich übrigens eine sowjetische Schlange nicht unbedingt wie die britische Schlange an einer Bushaltestelle vorstellen: wohlgeordnet, höflich, diszipliniert. Eine Schlange in Russland kann sehr viele Formen annehmen. Sie kann der britischen ähnlich sein, aber auch einem Haufen gleichen. Eine der wichtigsten Regeln ist, dass eine Schlange viel länger sein kann, als sie auf den ersten Blick erscheint. Denn zu (fast) jeder Schlange gehören Menschen, die gerade nicht anwesend sind. Die erste Frage, die ein Neuankömmling laut und deutlich, sozusagen schlangenöffentlich, zu stellen hat, lautet noch immer: *Wer ist der Letzte?* Irgendwer gibt sich dann zu erkennen oder jemand antwortet, diese Frau da oder der Mann dort hinten. Nun wendet man sich an diese Person und sagt, wieder laut und deutlich: *Ich komme nach Ihnen.* Die Antwort kann ein Nicken sein, mitunter folgt jedoch die Bemerkung, dass hinter ihr noch jemand stehe, der nur gerade kurz weggegangen sei. Ebenso kann man sich selbst aus der Schlange entfernen, ohne den Platz zu verlieren. Dazu wendet man sich an die Person, die hinter einem steht, mit der, natürlich rhetorischen, Frage: *Ich gehe mal kurz weg?* Bei der Rückkehr ist die Person Zeugin, dass man auch wirklich hier gestanden hat und sich nicht unlauter einzureihen versucht. Das Risiko besteht darin, dass diese Person es sich in der Zwischenzeit anders überlegt und die Schlange verlassen hat. Aber dass jemand gesagt hätte, nein, Sie haben hier nicht gestanden, habe ich nie erlebt.

Das Schlimmste, bis heute, sind Schlangen in Kliniken oder Behörden, also dort, wo es keine Alternativen gibt und das Anstehen wirklich wichtig ist. Man muss früh kommen, um möglichst weit vorn in der Schlange zu sein, weil man sonst Gefahr läuft, nicht mehr dranzukommen, bevor die Ärztin oder der Beamte Feierabend macht. Viele Schlangen haben zudem die unangenehme Eigenschaft, sich am nächsten Tag nicht etwa fortzusetzen, sondern neu zu beginnen. Also wieder früh, fast in der Nacht aufstehen und sich anstellen. Als Ausländer habe ich das mehrmals für meine Aufenthaltsgenehmigung machen müssen.

In solchen Schlangen zeigt sich übrigens, noch stärker als sonst, dass sie eine paradoxe Angelegenheit sind, langweilig und angespannt zugleich. Es ist eine unglaubliche Zeitverschwendung, weshalb Schlangestehen in der Sowjetunion bevorzugt während der Arbeitszeit geschah, was im heute kapitalistischen Russland kaum mehr möglich ist. Denn obwohl der sowjetische und, eingeschränkt, der russische Mensch sehr viel Zeit in der Schlange verbringt, ist das doch kein Nichtstun. Während das Metrofahren von vielen zum Lesen genutzt wird, sieht man in Schlangen kaum jemanden mit einem Buch oder einer Zeitung. Höchstens das Smartphone mit seinen kurzweiligen Ablenkungen wird gezückt. Denn die Schlange ist immer eine Mischung aus Solidarität und Konkurrenz. Die Solidarität drückt sich in ihren (ungeschriebenen) Regeln aus. Aber gleichzeitig sind alle auch Konkurrenten, denn das Gut, um das angestanden wird, kann knapp sein. Eine Schlange ist also immer auch nervös, lauernd, darauf achtend, dass niemand sich einen unlauteren Vorteil verschafft. Ein Kampf um etwas, das vielleicht nicht für alle reicht. Und natürlich ein Kampf um Zeit.

Auch die Versuche, anderen in der Schlange zuvorzukommen, sind Teil des Systems. Manche sind einfach nur unverschämt und rücksichtslos. Andere wiederum haben gute Gründe, schneller an ihr Ziel, die gewünschte Ware oder Dienstleistung zu kommen, als ihnen eigentlich, den Schlangenregeln zufolge, zustünde. Ein gebräuchlicher Trick ist es, Kinder mit in die Schlange zu nehmen. Das hilft fast immer, schneller dranzukommen. Andere schützen Krankheiten vor oder zu pflegende Verwandte.

Angeblich war die Sowjetunion ja eine klassenlose Gesellschaft oder zumindest auf dem Weg dorthin ein gutes Stück vorangekommen. Entsprechend hätten also *alle* Schlange stehen müssen. Aber natürlich gab es auch hier Ausnahmen. Damit meine ich nicht die Korruption, die selbstverständlich immer grassierte, sondern die offensichtlichen und die weniger augenscheinlichen Ausnahmen. Zu ihnen zählten verdiente Sowjetbürger, wie *Helden der Arbeit, Kriegsveteranen* oder gar *Helden der Sowjetunion*, die mit ihren Ausweisen in der Hand oder den Orden an der Brust die Schlange ignorieren durften. Weiter gab es eine Art Bourgeoisie, die ganz eng mit der Parteielite und Parteibürokratie verbunden war. Für sie gab es eigene Geschäfte und Sonderzuteilungen. Vor allem aber hatte sie Verbindungen, umgangssprachlich *blat* genannt. Das Wort stammt ironischerweise aus dem russischen Verbrecherjargon und bezeichnet ursprünglich jemanden, der zur Verbrecherkaste, also dazugehörte (Näheres im Kapitel *Mat*).

Diese Bessergestellten der Sowjetunion waren weit weniger reich als die Reichen im kapitalistischen Westen und erst recht im heutigen Russland. Vor allem war der Abstand zwischen Reich und Arm in der Sowjetunion viel kleiner. Auch bestanden ihre Privilegien nur zu einem geringen Maß aus Eigentum, sondern waren vielmehr an ihre aktuelle Stellung im System gebunden, die sie natürlich wieder verlieren konnten. Das war auch ein Disziplinierungsinstrument. Privilegierte Funktionäre bekamen nur etwa 10 Prozent ihrer Gehälter in Geld ausbezahlt. Alles andere waren Sachleistungen, wie Urlaube in speziellen Sanatorien, feine Datschas, Dienstfahrzeuge, Zugang zu Flug- und Bahntickets an gesonderten Schaltern ohne Schlange, Einkauf in speziellen Läden, Genehmigungen für Auslandsreisen und vieles andere mehr. Übrigens wurde so auch die *Intelligenzija*, also die intellektuelle Elite aus Wissenschaftlern, Schriftstellern und Schauspielern bei Laune gehalten und kontrolliert. Auch sie lebten, wie *Anna Achmatowa*, mit der Drohung, nicht nur aller Privilegien verlustig zu gehen, sondern möglicherweise im Lager zu landen oder ins Exil geschickt zu werden.

Die staatlich organisierte und verordnete Knappheit ist im heutigen Russland einer ökonomischen Knappheit gewichen, die soziale Folgen hat. Das passierte quasi über Nacht. Allerdings haben in den 1990er Jahren nicht wohlgeordnete Läden und Einkaufszentren die Schlangen abgelöst, sondern das Land verwandelte sich zunächst in einen riesigen, anarchischen, je nach Jahreszeit in Staub, Schnee oder Matsch versinkenden Basar. Inzwischen gibt es längst immer alles zu kaufen. Man braucht nur genügend Geld.

Einige Schlangen gibt es aber noch heute und zwar überall dort, wo der Staat vermeintlich kostenlose Monopol- oder Quasimonopolleistungen anbietet: in der Verwaltung, im Gesundheitswesen, auch in der Bildung, bei der alles überragenden staatlichen *Sberbank* und der Post. Allerdings wird auch hier heute vieles durch die technologische Entwicklung abgemildert. Fast überall gibt es inzwischen sogenannte *elektronische Schlangen*, also Talonsysteme oder zunehmend auch Voranmeldungen über das Internet. Sie machen das Schlangestehen transparenter. (Staatliche) Monopole haben ihre ganz eigenen Spielregeln.

Die Erinnerungen an Knappheit und Schlangestehen haben sich auf jeden Fall tief in das gesellschaftliche Bewusstsein eingegraben. Es wird wohl noch eine ganze Weile dauern, bis Schlangestehen in den Köpfen der Menschen nur noch eine einfache (und gerechte) Methode ist, etwas zu organisieren, und kein Bestandteil des Überlebenskampfs mehr.

Zu den längsten Schlangen der Sowjetunion gehörte die vor dem *Lenin-Mausoleum* auf dem Roten Platz. Heute findet man die längsten Schlangen vor orthodoxen Kirchen, in denen berühmte Ikonen oder Heiligenreliquien ausgestellt werden, denen viele Menschen heilende und helfende Wirkungen zusprechen. Gläubige und Abergläubische stehen dann, eine sowjetische Reprise, mitunter schon nachts an, um an den wundertätigen Knochen oder Bildern vorbeizuziehen, sich vor ihnen zu verneigen und sie zu küssen. Das Bedürfnis, sich des Beistands höherer Mächte zu versichern, ist auch im modernen Russland nicht erloschen.

In der Sowjetunion war für jeden Moskau-Besucher, für jede Pionierin, jede *Komsomolzin* und überhaupt alle, wie es in Russland immer heißt, *Gäste der Hauptstadt*, der Besuch des *Lenin-Mausoleums* Pflicht. Kaum ein Tourist wollte sich diese Attraktion entgehen lassen. Mit einem spätsowjetischen Schlangenwitz soll dieses Kapitel enden: Ein Mann ist im Moskauer Stadtzentrum auf der Suche nach einem Lebensmittelgeschäft mit halbwegs gefüllten Regalen. Er trifft auf einen Bekannten. Der rät, sich nach langen Schlangen umzuschauen. Dort, wo viele Menschen anständen, gäbe es auch etwas zu kaufen. Nee, antwortet der Suchende, das habe ich gerade schon auf dem Roten Platz probiert. Da war eine riesige Schlange. Stundenlang habe ich angestanden, und als ich im Geschäft war und drankam, waren nicht nur die Regale leer, nein, auch der Verkäufer war schon lange tot.

4. Orthodoxie. Die wahre Lobpreisung

Freunde hatten mich Anfang April eingeladen, einen orthodoxen Ostergottesdienst zu besuchen. Da stand ich nun um Mitternacht in einer Kirche, die gleichzeitig gedrungen wirkte und zum Himmel strebte. Stühle und Bänke gab es nur sehr wenige an den Wänden. Es roch süßlich nach Weihrauch. Hunderte Kerzen versuchten vergeblich, den hohen Raum auszuleuchten. Vielstimmiger, heller, glasklarer Frauengesang hallte von den Wänden wider. Viele Menschen, darunter Kinder und Ältere, wuselten durcheinander. Von irgendwoher tönte das gleichförmige Gemurmel eines Gebets. Es fühlte sich gut an. Wohlig und warm. Vielleicht auch wegen des schmuddeligen Wetters und des schmutzigen Schnees draußen. Diese erste Begegnung mit der russischen Orthodoxie überwältigte meine protestantisch schlicht geschulten Sinne. War das die Quelle der sprichwörtlichen *russischen Seele*, von der ich so viel gehört hatte, von der vor allem Russinnen und Russen selbst immer sprachen?

Wie so oft in diesem Buch lautet die Antwort, sehr russisch: ja und nein. *Da-net*, ja-nein, kann vieles bedeuten: Zustimmung, Ablehnung, Unentschlossenheit. Je nach Betonung, Anlass und Stimmung. Russland ist ein sehr dialektisches Land. War das also die russische Seele? Nein, denn die alle Sinne überflutende Liturgie des orthodoxen Gottesdienstes ist nichts spezifisch Russisches. Sie gleicht der in Griechenland, in Georgien und in Äthiopien. Und ja, weil dieses Erbe, diese jahrhundertealte Praxis, das Land und seine Menschen geprägt hat. Ebenso wie die karge, nüchterne und streng geometrische Kirche aus Beton mich in meiner Jugend im Norddeutschland der 1960er Jahre prägte. In der Ostkirche spielt die Liturgie eine viel größere Rolle als in der Westkirche. Sie ist nicht nur Form, sondern auch Inhalt. Das Gebet ist nicht Teil der Liturgie, sondern die Liturgie *ist* ein Gebet, vielleicht das wichtigste. Ich vermute, die über die Jahrhunderte entwickelte sinnliche Schönheit des orthodoxen Gottesdienstes kommt auch daher.

Vieles davon hat die russische Orthodoxie schon aus Byzanz übernommen. Es begann in der *Kiewer Rus*. Das war, vor rund 1000 Jahren, ein dynastischer Zusammenschluss der meisten ostslawischen Völkerschaften, kein Staat im modernen Sinn. Sein Anführer, *Wladimir der Heilige*, ließ sich kurz vor der ersten Jahrtausendwende taufen. Etwa 250 Jahre später löste sich dieser Verband unter dem Druck tatarischer Reiterheere auf. Ein Teil der Ostslawen zog sich aus der Steppe in die für die Reiterkrieger unwegsamen Wälder im Norden zurück. Dorthin verlagerte sich auch das Zentrum der orthodoxen Kirche. Mit der Zeit bildeten sich drei Sprachen heraus – Ukrainisch, Belarussisch und Russisch – und schließlich auch drei Nationen. Die orthodoxe Kirche blieb aber in allen drei Gebieten vorherrschend.

Eine Geschichte der russischen Orthodoxie kann sich, wie der Münsteraner Theologieprofessor Thomas Bremer in seinem Buch *Kreuz und Kreml* schreibt, auf die Nation beziehen, auf die Kirche oder auf den Staat. Sie ist zudem eng mit der Frage nach Russlands Zugehörigkeit zu Europa verbunden. Russland hat sich immer zumindest *auch* als ein europäisches Land verstanden. Diesem Bewusstsein einer Zugehörigkeit zu Europa steht bis heute das wohl gegenseitige Empfinden von Fremdheit gegenüber. Eine für viele

Menschen in Russland ungeklärte Frage bleibt, wo Russlands Grenzen verlaufen (sollen). Das ist eine politische und brisante Frage, wie schon allein die Krim-Annexion und der von Russland unterstützte Krieg in der Ostukraine zeigen.

Anders als im Westen entwickelten sich in der Orthodoxie Kirche und Staat nicht zu Rivalen, sondern es behauptete sich die schon aus Byzanz übernommene Vorstellung von einer prinzipiellen und unauflöslichen Einheit. Kirche und Staat sollten *gut zusammenklingen*, wie in einer Symphonie harmonieren. Diese Vorstellung übernahm erst die Kiewer Rus und dann später Russland. Heute reklamieren sowohl ukrainische als auch russische Nationalisten für sich, dass ihre jeweiligen Staaten die Nachfolger der Kiewer Rus sind. Kiew, so heißt es in Russland, sei die *Mutter der russischen Städte*. Eine Behauptung, die in der Ukraine meist als Übergriff auf die eigene Souveränität angesehen wird. In der Zeit der Tatarenherrschaft nach der Einnahme Kiews im Jahr 1240 wurden orthodoxe Geistliche ein wichtiger Rückhalt des Widerstands. Auf diese Leistung und die Vorstellung des unteilbaren Sakralraums bezieht sich bis heute der Anspruch der Russisch-Orthodoxen Kirche, für den gesamten ostslawischen Raum, also auch die Ukraine und Belarus, *Bewahrerin der Rechtgläubigkeit* zu sein.

Ab 1326 residierte der *Metropolit von Kiew und der ganzen Rus*, wie die korrekte Bezeichnung des Oberhaupts der Russisch-Orthodoxen Kirche bis heute lautet, in Moskau. Damals war er noch ein griechischer, byzantinischer Mönch. Faktische Selbstständigkeit erlangte die Russisch-Orthodoxe Kirche erst 1448, als eine nur noch aus russischen Priestern und Mönchen bestehende Synode mit *Jonas von Rjasan* erstmals einen Russen zum Metropoliten wählte – ein wichtiger

Schritt zur Bildung der russischen Nation. Nach der Eroberung Konstantinopels durch die Türken 1453 setzte sich im entstehenden Russland allmählich die Vorstellung durch, Moskau sei nun das *Dritte Rom*, wie es der Mönch *Filofej von Pskov* zu Beginn des 16. Jahrhunderts in Briefen an die Moskauer Großfürsten *Wassili III.* und *Ivan IV.* (oft auch *der Schreckliche* genannt) als Erster formulierte. *Filofej* war davon überzeugt, dass dieses *Dritte Rom* das letzte sei. Wenn es falle, sei das Ende der Welt und das Reich Gottes gekommen. Diese auch heute noch weit verbreitete Vorstellung macht den Kern des *rechten Glaubens* aus: Um auf das Ende der Welt und das Weltgericht vorbereitet zu sein, muss der Glaube ursprünglich und so rein wie möglich bleiben.

Drei weitere Ereignisse in den kommenden Jahrhunderten haben die orthodoxe Kirche Russlands besonders geprägt: die Kirchenspaltung Mitte des 17. Jahrhunderts, die Unterwerfung der Kirche unter den Staat durch Peter I. und schließlich ihre Verfolgung und Kollaboration in der Sowjetunion. Nachdem das Moskauer Reich Ende des 15. Jahrhunderts die Tatarenherrschaft endgültig abgeschüttelt hatte und sich langsam nach Westen und Süden öffnete, stellten die Kirchenfürsten fest, dass sich ihre religiöse Praxis mit der Zeit von den Regeln anderer orthodoxer Kirchen entfernt hatte. Das widersprach einerseits der Vorstellung einer geeinten Kirche, andererseits litt darunter ihr Führungsanspruch innerhalb der christlichen Orthodoxie. Mühsam einigten sie sich auf behutsame Reformen, die vor allem die Liturgie betrafen und damit, wie bereits erwähnt, in der Orthodoxie nicht nur die Form, sondern ganz direkt den Inhalt des Glaubens. Diese Änderungen stießen beim sehr gläubigen und konservativen Volk auf teilweise erbitterten Widerstand. Vor allem in der neuen Regel, sich mit drei statt mit zwei Fingern zu bekreuzigen, sahen viele Gläubige das Werk des Teufels. Dennoch setzten Kirche und Staat die Reformen mit großer Härte durch. Viele jener, die sich nicht beugen wollten, eine große Zahl Gläubiger und einige Priester, zogen sich daraufhin in die unwegsamen Wälder und die unendlichen Weiten im Norden und Osten des Reiches zurück, in die weder die Macht des Staates noch die der Kirche reichten, bildeten eigene Gemeinden und behielten die alten Rituale bei. Später bezeichneten sie sich als *Altgläubige*. Die russische Kirchenspaltung, der *raskol*, war, wie die Folgen des lutherischen Protests im Westen auch, zunächst keine Absicht. Der religiöse Streit wurde im Namen des wahren Glaubens geführt. Während aber mit der Zeit der Protestantismus zur Modernisierung der Gesellschaften beitrug, verstärkte die altgläubige Abspaltung in Russland eher beharrende Kräfte.

Die *Petrinischen Reformen* am Anfang des 18. Jahrhunderts machten die Russisch-Orthodoxe Kirche endgültig zur Staatskirche, jedoch anders als es sich die Kirchenoberen vorgestellt hatten. Bis dahin lebten sie in einer Symphonie mit dem Staat, nicht gleichberechtigt und nicht gleich mächtig, aber dem Staat auch nicht nur untertan. Nun wurde das Patriarchat abgeschafft und die Kirche künftig durch einen staatlich kontrollierten *Synod* geführt, als Teil des Staates. Der Zar beanspruchte ab sofort in kirchlichen Angelegenheiten das letzte Wort. Die Kirche war immer noch privilegiert, aber nun nicht mehr dem Staat ebenbürtig, sondern von ihm abhängig und ihm dienend. Erst die *Bolschewiki* verfügten Anfang 1918 erneut die Trennung von Staat und Kirche, aber selbstverständlich nicht, um die Kirche wieder zu stärken, sondern um sie zu marginalisieren und, letztendlich, zu vernichten. Das Patriarchat wurde wieder eingeführt, die Russisch-Orthodoxe Kirche war formal wieder unabhängig, verlor aber ihre Privilegien. Mehr noch: Kirche, Priester und Mönche gehörten schnell zu den bevorzugten Zielen politischer Verfolgung durch die neuen Machthaber. Die Klöster wurden geschlossen und konfisziert, manche gleich in Gefängnisse umgewandelt. Der Staat zog den Kirchenbesitz ein, auch alle Gotteshäuser. Die meisten wurden zu Lagern, Werkstätten oder Büros umgebaut, viele zerstört. 1936 durften im ganzen Land nur noch in etwa 100 Kirchen Gottesdienst gefeiert werden. Vermutlich 40 000 Priester und Mönche verschwanden im *Gulag*, wurden ermordet oder verhungerten. Von den 1914 etwa 40 000 orthodoxen Gemeinden im Zarenreich gab es in Stalins Sowjetunion 1940 nur noch weniger als 500. Erst der Krieg sollte daran etwas ändern.

Als die deutsche Wehrmacht brandschatzend und mordend durch die russischen Dörfer zog, besann sich Stalin auf die orthodoxe Kirche als mögliche Verbündete. Zahlreiche Kirchen durften wieder öffnen, Gottesdienste wieder abgehalten werden. Nach und nach wurden Priester aus dem *Gulag* entlassen. Bereits 1946 gab es erneut gut 10 000 Gemeinden, 1947 sogar 14 000. Wenige Jahre später nahm Stalins Nachfolger Nikita Chruschtschow den Kampf gegen die Religion und ihre Anhänger aber wieder auf. Er verkündete laut, den Glauben ausrotten und *den letzten Priester im Fernsehen ausstellen* zu wollen. Seine Nachfolger trafen mit der Kirche ein Arrangement. Religionsausübung war zwar nicht erwünscht, wurde aber, unter der strengen Aufsicht des KGB, geduldet. Nicht selten überschritten Priester, vor allem aber Kirchenobere dabei die Grenze zur Kollaboration. Dieses unrühmliche Kapitel ist ein kaum aufgearbeitetes Erbe der

Russisch-Orthodoxen Kirche. Aus dieser Zeit sind viele heimliche Taufen überliefert. Meist brachten Großmütter ihre Enkelinnen und Enkel, ohne Wissen und häufig wohl auch gegen den Willen der sowjetisch erzogenen Eltern, in die Kirche. Sie sollten ihr Leben als Christen beginnen, alles andere würde sich später zeigen. Erst unter Michail Gorbatschow nahm die Zahl der Kirchengemeinden langsam wieder zu. Heute zählt die Russisch-Orthodoxe Kirche knapp 40 000 Gemeinden und 7000 Klöster, allerdings weltweit und nicht nur in Russland.

Klöster und Mönche waren für die Entwicklung der russischen Orthodoxie besonders wichtig. Das liegt zum einen daran, dass Würdenträger ab dem Bischof stets Mönche und somit unverheiratet sein müssen. Ein Zölibat für Priester gibt es dagegen nicht. Sie sollen im Gegenteil sogar verheiratet sein und haben meist auch viele Kinder. Wie die Katholische Kirche lehnt die Russisch-Orthodoxe Kirche Verhütung, Geburtenkontrolle und selbstverständlich auch Abtreibung ab. Darüber hinaus spielten die Klöster eine große Rolle bei der Erschließung des weiten Raums im Norden und Osten Russlands. Es gab drei große Wellen von Klostergründungen. Die erste bis zur Eroberung Kiews durch die Tataren 1240 mit mehr als 100 Klöstern im Süden. In der zweiten, ab dem 14. Jahrhundert, siedelten die Mönche und Nonnen vor allem im unwegsamen Norden. Die Klöster dienten in den kommenden Jahrhunderten oft als Rückzugs-, aber auch als Verbannungsorte. Im 18. und 19. Jahrhundert kam schließlich die große Zeit der *Starzen. Starzen* sind ältere, meist eremitisch lebende Mönche von großem Ansehen. Sie galten (und gelten) als Seher und Ratgeber nicht nur in geistlichen Angelegenheiten. Der im Ausland vielleicht bekannteste

Starze, Sosima, hat nie gelebt, sondern ist eine literarische Figur. *Fjodor Dostojewski* lässt ihn in seinem Roman *Die Brüder Karamasow* eine lange Rede über die Fähigkeit zur Reue halten, die die moralische Kernbotschaft des Buches bildet.

Seit dem Ende der Sowjetunion haben sich Staat und Kirche wieder angenähert und die Idee der Symphonie ist wieder lebendig. Denn die gemeinsamen Interessen bleiben groß. Für den Staat ist die Kirche eine willkommene Ressource der Legitimität seiner Herrschaft, auch jenseits von Wahlen und demokratischen Verfahren. Der Russisch-Orthodoxen Kirche gewährt er im Gegenzug eine privilegierte Stellung als Erste unter formal Gleichen der verschiedenen Religionen und Religionsgemeinschaften im Land. Der gegenwärtige Patriarch *Kirill I.* revanchiert sich, indem er *Einheit und Übereinstimmung* zwischen Kirche und Staat zu einer wesentlichen Grundlage einer als besonders definierten *russischen* Demokratie erklärt. Dazu gehört auch das Konzept *eigener, orthodoxer Menschenrechte,* die den universellen Menschenrechten entgegengestellt werden. Sie betonen, neben sogenannten *traditionellen Werten,* den Vorrang des Kollektivs vor dem Individuum, den Vorrang von Staat und Kirche vor den einzelnen Menschen.

Russland ist heute, im Gegensatz zur Sowjetunion und trotz der vielen in ihm lebenden Völker, ein ethnisch recht homogenes Land. Rund 83 Prozent der Menschen bezeichnen sich bei Volkszählungen als Russinnen und Russen. Viele andere europäische Länder kommen auf ähnlich hohe Zahlen für ihre Nominalnationalität. Der wichtigste Unterschied dürfte sein, dass die allermeisten Nicht-Russen in Russland keine Einwanderer oder Nachkommen von Einwanderern sind. Ihre Vorfahren lebten in der Regel seit Jahrhunderten in der gleichen Gegend, noch bevor die Russen das Land eroberten. Viele dieser Nicht-Russen sind keine orthodoxen Christen. Im Nordkaukasus und an der Wolga leben viele Moslems. Am Kaspischen Meer oder in Ostsibirien gibt es zahlreiche Buddhisten. Nach vielen Jahren intensiver Lobbyarbeit der orthodoxen Kirche wurde mit Beginn der 2010er Jahre in allen Schulen das Pflichtfach *Grundlagen der orthodoxen Kultur* eingeführt. Zwar regte sich in einigen muslimisch geprägten Teilrepubliken vorsichtiger Protest, der unter dem Druck Moskaus jedoch schnell wieder abebbte. Wenig tolerant verhält sich die Russisch-Orthodoxe Kirche anderen christlichen Kirchen gegenüber. Gemeinsam mit dem Staat macht sie vor allem der Katholischen Kirche das Leben schwer. Sie betrachtet Russland (und auch Gebiete außerhalb Russlands, vor allem in Ukraine und in Belarus) als ihr *kanonisches Territorium*, in dem sie keine Mission einer anderen christlichen Kirche dulden will. Diesen Alleinvertretungsanspruch bekommen auch protestantische Kirchen zu spüren oder religiöse Gemeinschaften wie die Zeugen Jehovas.

Die enge Verbindung zwischen der Russisch-Orthodoxen Kirche und dem Staat sowie ihre Rolle in der Frage, wer ethnischer Russe oder ethnische Russin ist und wer nicht, zeigt sich auch in Umfragen. Während sich stets etwa 70 Prozent der Befragten als *orthodoxe Christen* bezeichnen, geben nur rund 40 Prozent an, an Gott zu glauben. Dieser Widerspruch muss erklärt werden. Die Präambel der russischen Verfassung beginnt mit den Worten *Wir, das multinationale Volk*. Sich als orthodox zu bezeichnen, kann also nicht nur bedeuten, *ich bin Christ*, sondern auch (oder nur) *ich bin (ethnischer) Russe oder Russin*. Ich unterscheide mich von Tataren,

Tschetschenen, Burjaten oder Nenzen. Viele der anderen Nationen in Russland haben kulturelle Sonderrechte, einige sogar eigene Republiken, wie zum Beispiel die Tschetschenen oder Tataren. Formal ähneln die Rechte dieser Republiken denen russischer *oblaste* oder Gebiete und sind deutschen oder österreichischen Bundesländern vergleichbar. Im Zeitalter von Imperialismus und Kolonialismus war Russland die Imperialnation. In der Sowjetunion dann waren alle Völker und Ethnien formal gleichgestellt. Allerdings adelte Stalin die Russen schon während des Krieges wieder zu älteren Brüdern. Die Russen und Russinnen sind Erste unter Gleichen. Viele von ihnen fühlten sich aber gleichwohl den anderen Ethnien gegenüber benachteiligt und waren der Meinung, besonders in der Sowjetunion hätten die anderen Nationalitäten auf Kosten der ethnischen Russinnen und Russen gelebt. Selbst heute noch, so geht die Klage, hätten die jeweiligen Nominalnationen der russischen Teilrepubliken Sonderrechte, die Russen verwehrt blieben, weil diese über kein gesondertes, rein russisches Territorium verfügten.

Im Prinzip sollte die Russisch-Orthodoxe Kirche ein Ort für alle Gläubigen sein, egal welcher Herkunft und Ethnie. Ist sie auch. Das ist ja die Grundbotschaft des Christentums. Darüber hinaus ist sie aber eben sowohl russische Staatskirche als auch Kirche der Menschen, die sich als Russinnen und Russen verstehen. Dieser Widerspruch, gleichzeitig Nationalkirche und Universalkirche zu sein, lässt sich kaum auflösen.

5. Europa. Die Lebensgefährtin

Wenn in Russland jemand ankündigt, er oder sie würde *w Jevropu*, nach Europa, fahren, ist meist alles auf dem Kontinent gemeint, was westlich von Russland liegt und nicht irgendwann einmal zur Sowjetunion, also zu Russland gehörte (die baltischen Staaten allerdings ausgenommen). Das russische Europa-Verständnis ist das ebenso kokette wie gleichzeitig ernste östliche Gegenstück zur britischen Rede vom *Kontinent*. Der Erzählung von Global Britain mit den Weltmeeren im Rücken entspricht der russischen Behauptung einer *eurasischen Zivilisation*, die das Land von Europa unterscheide. Doch das ist, in beiden Fällen, kaum mehr als eine romantische Stilisierung, die das Offensichtliche zu verdecken versucht. Wie schon in der griechischen Sage ist Europa auch in Russland nicht einfach nur ein geographischer Begriff. Russland gehört zu Europa, auch wenn es an dessen Rand liegt. Russland will *in Europa* etwas zu sagen haben, sich aber *von Europa* nichts sagen lassen. Auch Größe spielt dabei eine Rolle. Bis zum Zweiten Weltkrieg und der Erfindung der Europäischen Union war Deutschland in der Mitte Europas zu groß, um einfach nur ein Land wie viele andere zu sein, und gleichzeitig zu klein, um den Kontinent zu dominieren. Ähnlich verhält es sich heute mit Russland. Es ist zu groß, um politisch leicht integriert werden zu können, gleichzeitig aber zu schwach und zu unsicher, um ein verlässlicher Partner für die übrigen europäischen Staaten zu sein.

Das russische Kernland um Moskau liegt eindeutig in Europa. Die Sprache ist indoeuropäischen Ursprungs. Kultur,

Musik, Literatur und Malerei, alles gehört seit vielen Jahrhunderten zur europäischen Tradition. Eine Tradition mit Eigenheiten natürlich. Eine Tradition, die auch benachbarte außereuropäische Einflüsse aufgenommen hat und weiter aufnimmt. Aber eben eine europäische Tradition. Das steht nicht einmal in Russland in Frage. Jedenfalls meistens nicht. Randlage und Geschichte haben aber dazu geführt, dass sich Russland immer wieder und durchaus bewusst von Europa abgrenzt. Dazu werden, wie der russisch-deutsche Philosoph *Boris Groys* in seinem Buch *Die Erfindung Russlands* schreibt, Elemente der westlich-europäischen Kultur und Philosophie selbst verwendet. Östliche, asiatische Einflüsse, ob aus China oder Indien, sind kaum mehr als Verzierungen. So wiederkehrend, wie das Murmeltier täglich grüßt, teilt die Diskussion, ob Russland nun zu Europa gehöre oder nicht, das Land – meist begleitet von der heftigen Ablehnung eines neuen Modernisierungsschubs aus westlicher Richtung. Seit der zweiten Hälfte des 19. Jahrhunderts wurden diese beiden dominierenden politisch-philosophischen Strömungen meist als *Sapadniki* (deutsch: Westler) und *Slawophile* bezeichnet. Heute sind die Bezeichnungen *Liberale* und *Patrioten* gängiger, auch wenn sich am Grundkonflikt kaum etwas geändert hat.

Seit dem 16. Jahrhundert hat sich Russland an der Aufteilung der übrigen Welt durch Europa beteiligt. Die koloniale Ausdehnung, vor allem nach Sibirien, hat zwar dazu geführt, dass auch nach dem Ende der Sowjetunion der größte Teil des russischen Territoriums geographisch nicht in Europa liegt. Aber über 80 Prozent der Einwohnerinnen und Einwohner Russlands leben auf dem europäischen Siebtel, und ebenfalls mehr als 80 Prozent bezeichnen sich als ethnische Russinnen und Russen. Hier liegt die sprachliche und kulturelle Wiege des Landes. Aber auch Sibirien ist längst europäisiert (siehe Kapitel *Sibirien*). Man braucht nur die russisch-chinesische Grenze am Amur-Strom im Fernen Osten zu überschreiten und gelangt von eindeutig europäischen in asiatische Städte.

Europa ist der Fixpunkt, an dem sich Russland misst. Spätestens Peter I. machte Anfang des 18. Jahrhunderts das Land zu einer *europäischen* Großmacht. Er meißelte Russlands Zugehörigkeit zu Europa buchstäblich in Stein, indem er italienische Architekten beauftragte, in die Sümpfe des *Newa-Deltas* am Finnischen Meerbusen St. Petersburg als Hauptstadt seines Reiches zu errichten. Er beendete damit eine lange Periode der Selbstisolation des aufstrebenden Moskauer Reiches, die unter anderem zu einer erheblichen technologischen Rückständigkeit gegenüber den Ländern des Westens geführt hatte. Seither ist Russland ständig bemüht, diesen Rückstand aufzuholen. Trotzdem hat sich an den grundlegenden Handelsbeziehungen – westliche Technologie gegen russische Rohstoffe – kaum etwas geändert.

Mindestens ebenso wichtig war die wohl auch auf seiner berühmten Europareise gewonnene Erkenntnis des Zaren, dass der notwendige Fortschritt, um eine Großmacht zu sein, in der angebrochenen Neuzeit keine rein technologische Angelegenheit mehr war, sondern auch gesellschaftliche Veränderungen fordert. Peter I. ließ dafür symbolisch die seither sprichwörtlichen *alten Bärte* abschneiden, um die Russen europäischer aussehen zu lassen. Die dahinterstehende Idee, dass dem Sein hoffentlich das Bewusstsein folgen würde, spielte auch später immer wieder eine Rolle im Verhältnis russischer Herrscher zu ihrem Volk. Seine Nach-

folgerinnen und Nachfolger, alle dynastisch mit den europäischen Herrscherhäusern so eng verbunden, dass es immer
mal wieder heftiges Murren über *die vielen Deutschen* gab,
setzten diesen Kurs fort. Nach den Napoleonischen Kriegen
wurde Russland als Bollwerk gegen neue Revolutionen zum
Gendarm Europas. Im 20. Jahrhundert fand dann ausgerechnet hier die nach der Französischen zweite große europäische Revolution statt, obwohl die deutschen Revolutions-
theoretiker Marx und Engels sie eher in den industriali-
sierten Ländern Deutschland und Großbritannien veror-
tet hatten. Heute ist Russland Mitglied des Europarats und
zahlreicher anderer europäischer Organisationen. Es nimmt
sportlich an Europameisterschaften und musikalisch am
Eurovision Song Contest teil.

Russlands integrale Europa-Zugehörigkeit geht aber noch
tiefer. Die Russisch-Orthodoxe Kirche versteht sich als Be-
schützerin des wahren christlichen Glaubens. Es war ein
orthodoxer Mönch, der im 16. Jahrhundert, nach der osmanischen Eroberung von Konstantinopel, dem *zweiten Rom,*
die Idee aufbrachte, Moskau sei das *dritte Rom* und somit
berufen und verpflichtet, den ursprünglichen christlichen
Glauben zu behüten (siehe Kapitel *Orthodoxie*). Dieser Anspruch stützt sich auf die gleiche Universalität wie die der
Römisch-Katholischen Kirche, die aber, so die orthodoxe
Interpretation, bei der Kirchenspaltung im 11. Jahrhundert
vom rechten Weg abgewichen ist. So gesehen ist Russland
(aus russischer Sicht) keine Alternative zu Europa, sondern
das eigentliche, das bessere Europa. Russland ist Europa, wie
es *sein sollte.*

Selbst in der radikalen Negation des Christentums in
der kommunistischen Ideologie kommt dieses Sendungs-

bewusstsein russischer Ausprägung zum Ausdruck. Erneut ist es eine europäische (Heils-)Idee, an der Europa, der Westen, aus russischer Sicht scheitert, weshalb sich Russland ihrer annehmen und sie in der *richtigen* Weise umsetzen muss, auch mit dem Ziel, sie nach Europa zurückzubringen. Europa wird so ein Spiegel vorgehalten. Ihm wird gezeigt, wie unaufrichtig es ist, wie Wort und Tat auseinanderfallen, wie wenig man ihm glauben kann. Diese Dialektik von Bewunderung und Verachtung ist in Deutschland nur allzu gut bekannt. Thomas Mann hat sie in seinem Essay *Betrachtungen eines Unpolitischen* schon vor über hundert Jahren beschrieben. Allerdings aus deutscher Sicht dem damaligen Westen, also Frankreich, Großbritannien und den USA gegenüber. Deutschland verteidige Kultur und Tiefe gegen Merkantilität und Zivilisation des Westens, so der Literat. Ähnlich argumentieren viele russische Intellektuelle bis heute, wenn es um das Verhältnis von Russland zu Europa geht.

Trotzdem, wahrscheinlich sogar eher deswegen, misst sich das Land fast schon obsessiv und ständig am Westen. Europa und im 20. Jahrhundert auch die USA blieben selbst für die Sowjetunion der alles überragende Maßstab. Den Westen galt es technologisch und wirtschaftlich *einzuholen* (gesellschaftlich hatte die Sowjetunion das per definitionem ja bereits geschafft). Das gelang nicht wirklich gut, weshalb schon unter Nikita Chruschtschow Ende der 1950er/Anfang der 1960er Jahre der Volksmund zu spotten begann, man werde *den Westen* bald überholen, ohne ihn *je eingeholt zu haben*. Das Experiment Sowjetunion dauerte zwar mehr als 70 Jahre, ging am Ende aber so gründlich schief, dass Europa in der Vorstellung vieler Menschen in Russland zum Heilsbringer und Retter wurde. Spätestens ab den 1970er Jahren glaubte kaum noch jemand in der Sowjetunion an die kommunistische Idee. Viele Menschen wandten sich von der Politik ab, wollten einfach nur ein *gutes Leben* führen. Immer stärker wurde der Wunsch, auch so zu leben *wie in Europa*. Er trug erheblich zum Ende der Sowjetunion bei. Wobei die Bezeichnung *wie in Europa* materielle und immaterielle Werte und Vorstellungen sowie Kapitalismus und Demokratie in sich vereinte. Dieses Europa kam einfach besser mit der Welt zurecht als Russland.

Der sowjetische Staat war in seiner Endphase moralisch verschlissen und stand ökonomisch vor dem Kollaps. Gerade weil die sowjetische Führung, der immer weniger Menschen glaubten, alles Westliche schlechtmachte, rückte Europa in der Vorstellung vieler Menschen in die Nähe eines Paradieses auf Erden. Perestroika und Glasnost waren der letzte Versuch, dieser Sehnsucht etwas entgegenzustellen. Eine wichtige Rolle spielte dabei der ab den 1960er Jahren rasant wachsende westliche Vorsprung beim materiellen Wohlstand. Die Menschen wollten nicht nur, vielleicht nicht einmal in erster Linie, so frei wie im Westen leben, sondern vor allem genauso viel konsumieren. Diese Sehnsucht schlug sich auch alltagssprachlich nieder, am deutlichsten vielleicht im Ausdruck *inomarka*, der im Ausland hergestellte Autos bezeichnet. Der Begriff setzt sich aus der Vorsilbe *ino* für außer oder außerhalb und dem Substantiv *marka*, Marke oder Sorte, zusammen. Bei allem Stolz auf die eigene Automobilindustrie, deren Massenproduktion allerdings auf einer in den 1960er Jahren importierten Fiat-Fabrik basierte, war eine *inomarka* das Nonplusultra für Autoliebhaber und damit für fast alle Männer in der Sowjetunion. Das bezog sich nicht nur auf Design und Prestige. *Inomarka,* das war

Qualität. Das war ein Auto, das morgens ansprang. Ein Auto, dessen Kofferraum kein Werkzeug- und Ersatzteillager zu sein hatte, wollte man nicht riskieren, liegenzubleiben. Ein Auto, das, frisch aus der Fabrik, vor dem Kauf vom Händler nicht erst noch fahrtüchtig gemacht werden musste. Auch dafür gab es ein eigenes Wort, die *predprodaschnaja podgotowka*, etwa *Vor-Verkaufs-Vorbereitung.*

Mit dem Ende der Sowjetunion wurde die Vorsilbe *jevro* immer öfter zum allgegenwärtigen Qualitätszeichen. Wer deutlich machen wollte, dass er oder sie Produkte oder Dienstleistungen von hoher Qualität und Zuverlässigkeit anbot, bewarb sie nun mit *jevrokatschestwo*, Euroqualität. In Wohnungen des gehobenen Segments hatte vor dem Verkauf oder der Vermietung ein *jevroremont*, also eine Eurorenovierung, stattgefunden. In unserem Nachbarhaus in Moskau hing bald über dem Eingang der Annahmestelle für die chemische Reinigung ein Schild, auf dem *jevro-chimtschistka* stand, *Euro-Chemische Reinigung.* Technische Geräte, Fernseher oder Waschmaschinen mussten seit den 1990er Jahren in Europa hergestellt worden sein, um bei potenziellen Käufern Vertrauen zu erwecken. Der größte russische Zementhersteller heißt auch heute noch *Jevrozement.* Als westliche Autohersteller in den 2000er Jahren unter dem Druck einer klugen Zoll- und Steuerpolitik begannen, ihre Autos in vorgefertigten Teilen nach Russland zu schicken und hier zusammenschrauben zu lassen, hörte man nicht selten die Frage, wo das Fahrzeug vom Band gelaufen war, weil selbst den russischen Schraubern unter westlicher Aufsicht nicht getraut wurde. Gebrauchte, aus Europa importierte Fahrzeuge waren zu jener Zeit oft teurer als baugleiche, aber in Russland endgefertigte.

Diese überbordende, mitunter ins Phantastische gesteigerte Euroeuphorie flachte ab der zweiten Hälfte der 2000er Jahre recht schnell wieder ab, parallel zur politischen Entfremdung zwischen Russland und dem Westen. Dabei war viel Enttäuschung über die Demokratie und den real existierenden Kapitalismus im Spiel, der sich im russischen Massenbewusstsein eng mit dem wirtschaftlichen Niedergang in den 1990er Jahren verbunden hatte (siehe Kapitel *Demokratie*). Wladimir Putin erkannte das politische Potenzial der durch den tiefen Fall des Landes von der zweiten Supermacht zu einer, Originalton Barack Obama, *Regionalmacht* erzeugten (narzisstischen) Kränkung (worüber ich ausführlicher im Kapitel *Obida* schreibe). Während aber die politische Ablehnung des Westens, der Wille, sich von Washington oder Brüssel *nichts (mehr) sagen lassen zu wollen*, in ihrer Intensität der früheren Bewunderung nahekommt, ist es bei den materiellen Bedürfnissen anders. Das erfahrungsgesättigte Misstrauen der Russinnen und Russen in die Fähigkeiten vor allem der einheimischen Konsumgüterindustrie sitzt tief. Eine Renaissance dagegen erfuhren russische Lebensmittel. Trotz der Dominanz großer Agrarholdings gelten diese nun als ursprünglicher, sauberer und einfach leckerer. Dieser schon länger anhaltende Trend wurde noch einmal durch die russischen Gegensanktionen nach der Krim-Annexion verstärkt, durch die der Import vieler Lebensmittel aus der EU verboten wurde. Gleichzeitig galt es nun als patriotisch, einheimisches Essen zu kaufen.

Auch politisch ist der russische Staat unter Wladimir Putin heute gewitzter als sein sowjetischer Vorgänger. Seine Propaganda erzählt nicht mehr in erster Linie von den (alles in allem wenig glaubwürdigen) Schrecklichkeiten im

Westen, sondern malt ein Bild, dass das einstmals gelobte Land auf Normalmaß zusammenschrumpfen lässt: Dort sei es auch nicht besser als zu Hause. Das leuchtet vielen Menschen ein. Ansonsten ist das Verhältnis vieler Menschen in Russland zu Europa oder genauer gesagt zur Europäischen Union erstaunlich stabil, wie regelmäßige Meinungsumfragen des Lewada-Zentrums über die vergangenen 30 Jahre immer wieder zeigen. Unverändert zwischen 50 und 60 Prozent der Bevölkerung haben ein positives oder überwiegend positives Bild von den westlichen Nachbarn. Nur Zeiten, in denen sich die politischen Spannungen zwischen Russland und dem Westen erheblich verschärfen, wie direkt nach der Krim-Annexion 2014, bilden hier eine Ausnahme. Solange die staatliche Propaganda in Russland auf vollen Touren lief, sank das Ansehen der EU auf etwa 40 Prozent, um sich nach dem Ende der heißen Phase wieder auf seinen langjährigen Mittelwert einzupendeln.

Allerdings ist die Erzählung vom moralischen und materiellen Verfall Europas nicht verschwunden. Sie taucht als Untervariante des Aufstiegs Asiens wieder auf, verbunden mit dem Versuch, Russlands Schicksal und Zugehörigkeit nach Osten zu verschieben. Das Kokettieren mit dem Osten erzeugt die Illusion, Russland könne sich von Europa lossagen, um dem Schicksal eines alternden und mutmaßlich zurückfallenden Kontinents zu entgehen. Doch ob das gelingt, ist doppelt fraglich. In fast allen Bereichen, die demographische Entwicklung mag hier für ein größeres Ganzes stehen, steht Russland vor den gleichen, mitunter vor noch größeren Problemen als das übrige Europa. Und obwohl der Osten, die großen asiatischen Zivilisationen, geographisch Russland viel näher ist als dem restlichen Europa, bleibt er doch fremd. Das kommt schon in einem geflügelten Wort zum Ausdruck, das aus einem der populärsten Sowjetfilme, *Weiße Sonne der Wüste* von 1969, stammt. Dort bekennt der in Russland allen bekannte Held namens *Genosse Suchow*, ein Rotarmist an der zentralasiatischen Grenze kurz nach dem Bürgerkrieg, *wostok – delo tonkoe*, der Osten, der Orient sei *eine diffizile Angelegenheit*. Diese Ansicht teilen auch viele wohlhabende, reiche und mächtige Russinnen und Russen. Sie haben ihre Villen oder Wohnungen in Italien, an der Côte d'Azur, in London oder am deutschen Alpenrand gekauft, ihr Geld bei britischen Banken angelegt und schicken ihre Kinder auf Schweizer Internate und auf englische Colleges.

6. Propiska. Ein Stempel als Existenzbeweis

Manche Begriffe haben ein Leben bis über ihren Tod hinaus. *propiska,* deutsch für Anmeldung oder Wohngenehmigung, ist ein solcher Begriff. 1993 abgeschafft, benutzen ihn noch immer (fast) alle in Russland, wenn es darum geht zu beschreiben, wo jemand gemeldet ist. Das im Gesetz seither verwendete Wort *registrazija* hat es kaum aus der Welt der Beamten und Behörden herausgeschafft. Wenn ein Begriff seinen gesetzlichen Tod so lange überdauert, muss er etwas Besonderes an sich haben. Am wahrscheinlichsten ist, dass sein Gegenstand für das Leben der Menschen wichtig, vielleicht sogar prägend war.

Die *propiska* stammt aus vorrevolutionärer Zeit. Im russischen Imperium und, nach einer kurzen Pause, auch in der Sowjetunion, war sie ein wichtiges Instrument der Bevölkerungskontrolle. Wie überhaupt beide Staaten ziemlich selbstherrlich über den Aufenthaltsort ihrer Bürgerinnen und Bürger verfügten. Sie schickten Millionen Menschen zwangsweise hierhin oder dorthin, teils, um zu strafen, teils, um ihre Entwicklungspläne für das Land und seine Wirtschaft umzusetzen. Auch die Landnahme, eine jahrhundertelange Kontinuität des russischen Staates, wurde immer wieder mit der oft zwangsweisen Umsiedlung von Menschen abgesichert. Es gibt aber auch einen ganz praktischen Grund, warum die meisten Menschen in Russland weiter von *propiska* reden, wenn sie *registrazija* meinen: Zwar hat sich der Begriff geändert und, wie man im Russischen sagt, *po ideje,* von der Idee her (eine andere Variante des *Prinzips*), auch seine Bedeutung. Das Gesetz gewährt heute, *im Prinzip*, Bewegungs- und Niederlassungsfreiheit. Die staatliche Praxis gleicht aber in vielem früheren Zeiten.

Angefangen hat alles im Zarenreich, das streng kontrollierte, wer wo leben durfte. Neuankömmlinge in St. Petersburg und Moskau brauchten in ihrem Pass einen Stempel mit Unterschrift, eben eine *propiska*. Das Wort leitet sich von *pisat*, schreiben, ab. Es ist also so etwas wie eine *Einschreibung*. Landbewohner bekamen erst gar keine Pässe, also auch keine *propiska*. Für sie gab es kaum eine Möglichkeit, aus ländlicher Armut legal in die auch in Russland am Ende des 19. Jahrhunderts wachsenden und prosperierenden Städte zu fliehen. Wladimir Lenin kritisierte das zaristische Pass- und Meldewesen 1903 in einem *Über die ländliche Armut* betitelten Artikel als neue Form der Leibeigenschaft, die 1861 gesetzlich aufgehoben worden war. Direkt nach ihrer Machtübernahme 1917 schafften die *Bolschewiki* tatsächlich Pässe und *propiska* ab. Doch nicht für lange. Weil viele Arbeiter während des Bürgerkriegs vor Hunger und Chaos aus den Städten aufs Land flohen, wurden in Moskau und St. Petersburg sogenannte *Arbeitsbücher* eingeführt, um die Menschen an ihren Arbeitsplatz zu binden. Erstaunlicherweise erwies sich diese Maßnahme nicht als dauerhaft. Nach dem Ende des Bürgerkriegs wurden die Beschränkungen wieder aufgehoben. Ein Regierungsdekret von 1923 verbot der nun Miliz genannten Polizei und anderen Behörden ausdrücklich, von Bürgerinnen und Bürgern das Vorzeigen eines Passes oder eines anderen Dokuments zu fordern, weil das die Bewegungs- und Niederlassungsfreiheit eingeschränkt hätte. Die Anmeldung eines Wohnsitzes war zwar Pflicht, durfte von den Behörden aber nicht verweigert werden. Noch 1930 schrieb die *Kleine Sowjetische Enzyklopädie* unter dem Stichwort *passport*, es sei ein Kontrollinstrument des Polizeistaats im Zarenreich gewesen. Das Sowjetrecht kenne kein Passsystem.

Doch nur zwei Jahre nach Erscheinen der Enzyklopädie richtete das *Volkskommissariat für Innere Angelegenheiten* (bekannter als *NKWD* und Vorläufer sowohl des KGB als auch des Innenministeriums) einen *Pass- und Visumsdienst* ein. Dessen vornehmliche Aufgabe war es, angeblich *arbeitsscheue Individuen* und *sozial schädliche Elemente,* wie z.B. *Kulaken* genannte Großbauern oder *sonstige Verbrecher,* ausfindig zu machen. Ab Mitte der 1930er Jahre waren Wohnortwechsel erneut nur noch mit Behördengenehmigung möglich. Die *propiska* war zurückgekehrt.

Etwa gleichzeitig begann die rasante Industrialisierung der Sowjetunion. Nur durch eine enorme, nie gekannte Massenwanderung konnten die neuen Industriezentren, viele auf dem freien Land und weit weg von großen Städten, mit ausreichend Arbeitskräften versorgt werden. Der stalinistische Staat tat zwar alles in seiner auch mörderischen Macht Stehende, um die Riesenbaustellen im ganzen Land mit Menschen und Material zu versorgen. Aber selbst sein totalitärer Staatsapparat war dieser Aufgabe nicht gewachsen. Millionen Menschen, nicht selten von Hunger getrieben, machten sich auch ohne jede *propiska* auf den Weg. Sie kamen vor allem aus ländlichen Gebieten, denn Industrialisierung bedeutet Verstädterung. Ende der 1930er Jahre lebte ein Drittel aller Einwohnerinnen und Einwohner der Sowjetunion in Städten, 1957 war es bereits die Hälfte.

Als 1974 schließlich alle Bürgerinnen und Bürger der Sowjetunion, also auch die Menschen auf dem Land, Pässe erhielten, war das ganze Land mobil, und die *propiska* wurde zum alleinigen Kontrollinstrument der Binnenmigration. An sie war fast alles gebunden, was der Staat an Leistungen für seine Bürgerinnen und Bürger bereithielt: Krankenversorgung, Bildung und vor allem die Wohnraumzuteilung. Fast alle Wohnungen in der Sowjetunion waren in Staatsbesitz. Wohnung und *propiska* bildeten eine Einheit. Waren die in einer Wohnung gemeldeten Personen weggezogen oder verstorben, fiel die Wohnung zurück an den Staat. Um das zu vermeiden, wurden in vielen Familien komplizierte Schemata ausgearbeitet, wer wo gemeldet sein musste. Eine gute Absicherung für eine Wohnung waren z.B. minderjährige Kinder, weil diese grundsätzlich nicht ausquartiert werden durften. Wer zum wiederholten Mal zu einer Gefängnisstrafe verurteilt worden war, konnte auf Verlangen seiner Mitbewohner seine *propiska* verlieren. Aus der Haft entlassen und nun ohne festen Wohnsitz, drohte ehemaligen Strafgefangenen die Gefahr, als Obdachlose erneut festgenommen zu werden. Ein Teufelskreis, denn ohne festen Wohnsitz zu sein, war in der Sowjetunion eine Straftat.

Besonders nach Moskau, St. Petersburg und in eine Reihe anderer Großstädte zu ziehen, war extrem schwierig. Zwar konnte man die Wohnung tauschen, aber nur wenige Menschen wollten aus der Groß- wieder in die Kleinstadt oder gar aufs Land ziehen. Sowjetische Dörfer hatten wenig Pittoreskes. Städter bevorzugten daher, als Landersatz, eine Datscha, die man neben der Stadtwohnung besitzen durfte. Eine der wenigen Möglichkeiten, es vom Land in die Stadt oder aus einer kleineren in eine Großstadt zu schaffen, bestand darin, *limitschik* zu werden. Unternehmen und Betriebe konnten bei der zuständigen Behörde eine Quote an inländischen *Gast-*

arbeitern beantragen. Diese Quote hieß *limit*. Für ihre *limit-schiki* mussten die Arbeitgeber dann Platz in Wohnheimen zur Verfügung stellen. Nach 20 wenig komfortablen Jahren, oft mit Klo und Bad auf dem Gang und einer Küche für ganze Etagen, hatten sich diese Arbeiter schließlich das Recht auf eine *propiska* erworben. Doch zwischen diesen Zugezogenen und den (oft selbst nicht sehr) alteingesessenen *propiska*-Besitzern kam es immer wieder zu Spannungen. Die *limitschiki* galten als rückständige, kulturlose, dreckige Grobiane. Eine Zuschreibung, wie man sie überall auf der Welt findet.

Während der Perestroika begannen immer mehr Menschen, diese staatliche Einschränkung der Bewegungsfreiheit zu kritisieren. 1990 erklärte der sowjetische Oberste Gerichtshof die *propiska* für verfassungswidrig und schaffte sie damit zumindest theoretisch ab. Allerdings hielten sich viele Verwaltungen, vorneweg die Moskauer Stadtverwaltung, nicht an das Urteil. Selbst als 1993, nun schon im neuen Russland, ein Meldegesetz die *propiska* durch eine *registrazija* ersetzte und die Registrierung theoretisch nicht mehr von der Zustimmung der Behörde abhängig war, gab die Moskauer Stadtverwaltung nicht klein bei. Sie weigerte sich weiterhin hartnäckig, neue Bewohner zu registrieren, da die Stadt ihrer Meinung nach bereits jetzt am ungehinderten Zustrom von Menschen zu ersticken drohte. Das damals bereits große Wohlstandsgefälle zwischen Moskau und dem Rest des Landes spielt hierbei eine große Rolle, denn es ermöglichte der Moskauer Stadtverwaltung, zahlreiche Subventionen einzuführen, Aufschläge auf Renten zu zahlen und eine bessere Gesundheitsversorgung zu gewähren. Zudem waren (und sind) in Moskau die Löhne und Gehälter unvergleichlich höher als im übrigen Land (von den Erdöl- und Erdgasförderregionen einmal abgesehen). Außerdem machte die Stadtverwaltung die Moskauer *propiska* zu einem Geschäft: Für umgerechnet rund 5000 US-Dollar, damals etwa ein Viertel des Kaufpreises für eine Einzimmerwohnung, konnten sich Auswärtige zusammen mit der Wohnung auch eine Moskauer *registrazija* kaufen. Selbst heute ist es noch schwierig, sich in Moskau registrieren zu lassen. Zwar reicht inzwischen der Besitz einer Wohnung aus, aber die Immobilienpreise sind um ein Vielfaches höher als die 5000 US-Dollar in den 1990er Jahren. Wer zur Miete wohnt (und das sind in Moskau fast nur Auswärtige), muss sich einmal jährlich vom Wohnungsbesitzer bei der Meldebehörde registrieren lassen. Mit dem Ende des Mietverhältnisses erlischt auch die Registrierung.

Der Pass ist ständiger Begleiter der Menschen in Russland. Kaum jemand verlässt das Haus oder die Wohnung ohne ihn. Abgesehen von der (im Alltag zwar glücklicherweise eher unwahrscheinlichen, aber auch nicht ausgeschlossenen) Unannehmlichkeit, zur Personalienfeststellung auf einem Polizeirevier zu landen, wird er einfach zu oft und für fast alles gebraucht. Vom Zusammenhang zwischen *propiska* oder *registrazija* und den Pässen war schon die Rede. Bis heute wird die *registrazija* auf eine der letzten Seiten des Passes gestempelt. Und ohne diese kommt man nicht weit. Sie ist beim Arztbesuch ebenso wichtig wie bei fast allen Rechtsgeschäften. Ohne sie kann kein Bankkonto eröffnet, keine SIM-Karte für ein Mobiltelefon gekauft werden. Jedenfalls – wir hatten das schon – *im Prinzip*. Denn viele bürokratische Einschränkungen lassen sich auch umgehen. Letztendlich ist der Rubel sehr oft mächtiger als viele Vorschriften. Manches geschieht in einer rechtlichen Grauzone. Wie in so vielen Angelegenheiten in Russland gilt auch hier der Spruch, dass die Härte des Gesetzes vor allem durch seine Nichteinhaltung gemildert wird.

Der wichtigste Unterschied zwischen den alten *propiska*- und den neuen *registrazija*-Zeiten besteht darin, dass Immobilieneigentum nicht an die *registrazija* gebunden ist. Trotzdem bleiben die meisten Menschen vorsichtig. Das Misstrauen sitzt tief, ob sich hinter der *registrazija* nicht doch die alte *propiska* verbirgt. Deshalb ändern die meisten ihre offizielle Wohnadresse nur im Notfall und am liebsten gar nicht. Wer mehr als eine Wohnung besitzt, versucht für jede mindestens einen nahen Verwandten zu registrieren. Die Angst, der Staat könnte die Wohnungen wieder enteignen, wie er das vor gut 100 Jahren schon einmal getan hat, sitzt in Russland mindestens so tief wie in Deutschland die Furcht vor einer Inflation. Das hat dazu geführt, dass viele Menschen, vor allem in den großen Städten, nicht in den Wohnungen leben, in denen sie gemeldet sind. Unangenehm für den Staat und sein Kontrollbedürfnis. Deshalb muss heute in staatlichen Anträgen und Dokumenten fast immer neben der Meldeadresse auch die *faktische Wohnadresse* angegeben werden. Das Wohnen außerhalb der Meldeadresse ist allerdings nur legal, solange sich diese Wohnungen im gleichen *Föderationssubjekt* befinden. So heißen die Republiken, Gebiete und Regionen unterhalb der gesamtstaatlichen Ebene. Beim Umzug in ein anderes Gebiet oder in eine andere Republik ist nach spätestens 90 Tagen eine Ummeldung erforderlich.

Auch meine Frau und ich haben in Moskau eine Melde- und eine Wohnadresse. Und das kam so: Als wir Ende der 1990er Jahre unsere jetzige Wohnung kauften, wollte meine Frau, Moskauerin und russische Staatsbürgerin, ihre Registrierung in der Wohnung ihrer Mutter, in der sie aufgewachsen war, nicht aufgeben. Beide fürchteten, entgegen der gesetzlichen Lage, dass der Staat die Wohnung nach dem Tod ihrer Mutter einziehen könnte. Solange meine Frau aber in der Wohnung ihrer Mutter registriert blieb, selbst wenn sie dort nicht mehr wohnte, schien ein Verlust der Wohnung weit weniger wahrscheinlich. Fast alle russischen Freundinnen, Freunde und Verwandten fanden diese Furcht verständlich und unterstützten die Entscheidung. Unsere deutschen Freundinnen und Freunde und auch ich konnten diese Angst und Vorsicht hingegen nicht verstehen. Vor allem schien sie uns unlogisch, weil dadurch niemand in der neuen, nicht gerade günstigen und auf Kredit gekauften Wohnung gemeldet war, da meine Registrierung als Ausländer keine Gültigkeit besaß. Doch alle Argumente halfen nicht, die tiefsitzende *propiska*-Furcht war stärker. Heute gehören uns beide Wohnungen.

7. Sibirien. Traumland und Trauma

In Russland kennt fast jeder *Zbigniew Brzeziński*, den ehemaligen Sicherheitsberater von US-Präsident Jimmy Carter, einen außenpolitischen Falken, zumindest wenn es um die Sowjetunion ging. Er soll einmal, da war er schon längst kein Sicherheitsberater mehr, gesagt haben, so die überwiegende Interpretation in Russland, ohne die Ukraine habe Russland keine Chance, weiterhin eine Supermacht zu bleiben. *Brzeziński*s Äußerung gilt vielen im Land als Beleg, dass hinter dem Ende der Sowjetunion, dem Zerfall des russischen Imperiums und der jüngsten Entfremdung der Ukraine von Russland ein finsterer und langfristiger US-Plan stehen müsse. Ein Russland ohne die Ukraine, ohne Millionen Hektar fruchtbarer Schwarzerde und seine heute rund 45 Millionen Menschen, ist aus der Sicht einer Großmacht fraglos schwächer. Der Grundstein des Russischen Imperiums aber liegt woanders, im Osten, in Sibirien. Ohne Sibirien, so wage ich zu behaupten, wäre das Russische Imperium, mit oder ohne Ukraine, gar nicht erst entstanden. Und ohne Sibirien wäre es mit den Bemühungen, den Großmachtstatus heute zu erneuern, nicht weit her.

Die Eroberung Sibiriens war ein typisch europäischer und entsprechend brutaler Akt der Kolonialisierung. Die Geschichte beginnt, auch hier im Gleichklang mit anderen europäischen Kolonialreichen, im 16. Jahrhundert. Moskau hatte gerade seine Vormachtstellung unter den russischen Städten im Osten Europas gefestigt und war zum Kern eines entstehenden russischen Staates geworden. Die Tataren im

Süden und Südosten waren besiegt oder zumindest auf Distanz gehalten. Im Westen befanden sich starke europäische Mächte und die wichtigsten Märkte für russische Waren, vor allem für Holz und Pelze aus den aus europäischer Sicht fast unendlichen russischen Wäldern. Während die westlicher gelegenen europäischen Reiche ihre koloniale Ausdehnung in Übersee suchten und fanden, hatte Russland damals nur sehr eingeschränkten Zugang zum Meer. Erst 1584 war am Weißen Meer, rund 1000 Kilometer nördlich von Moskau, Archangelsk als erster russischer Seehafen gegründet worden. Von hier aus war über die aufgrund des Golfstroms eisfreie Nordroute Handel mit England und anderen westeuropäischen Ländern möglich. Eine russische Flotte begründete aber erst Peter I. Ende des 17. Jahrhunderts, nachdem er für Russland in den Nordischen Kriegen einen Zugang zur Ostsee erobert hatte. Im Norden und Nordosten aber lagen riesige unzugängliche und noch unerforschte Weiten. Dass in diese noch niemand aus Europa vorgedrungen war, lag vor allem daran, dass das Klima, je weiter man von Moskau nach Osten und Norden kommt, umso unwirtlicher wird. Nun aber holte sich der Zar, es war Ivan IV., genannt *der Schreckliche,* die Zustimmung seiner europäischen Herrscherkollegen zur Expansion nach Osten. Als *Eroberer Sibiriens* gilt in Russland *Jermak Timofejewitsch.* Er war ein *Kosaken-Ataman,* Abenteurer und Pirat, und stand im Dienst der Kaufmannsfamilie *Stroganow,* die durch den Handel mit Salz aus dem Ural zu Reichtum gekommen war. Die *Stroganows* erhielten Mitte des 16. Jahrhunderts von Zar Ivan IV. das ausschließliche Handelsrecht in Sibirien und den Auftrag, es zu kolonialisieren.

Wie fast drei Jahrhunderte später im US-amerikanischen

Wilden Westen, waren auch die Sitten im russischen wilden Osten rau. In kleinen Trupps von oft nicht mehr als 100 Männern kämpften sich die Eroberer gegen die lebensfeindliche Wildnis und ihre meist nicht sehr zahlreichen Bewohner vor. Entscheidend war, wie bei allen anderen europäischen kolonialen Eroberungen auch, die technische und militärische Überlegenheit. Schon 1582 eroberten die Kosaken das *Khanat Sibir*, ein von Tataren besiedeltes Gebiet um das heutige Tobolsk, das in Westsibirien vom Ural bis zum Jenissej, dem fünftlängsten Strom der Erde, reichte. Von dort ging es sehr schnell immer weiter nach Osten. An den größeren Flüssen, die in Sibirien fast alle von Süden nach Norden fließen, errichteten sie Festungen, um ihre Eroberungen zu sichern. 1612 schlug sich ein erster russischer Gesandter über Sibirien bis nach China durch. 1632 wurde Jakutsk an der Lena gegründet, im Permafrost, rund 2500 Kilometer nördlich von Peking. 1639 erreichten die ersten Russen am Ochotskischen Meer den Pazifik und 1648 die Mündung der Kolyma ins arktische Nordmeer, die etwa auf dem gleichen Längengrad wie Hawaii liegt.

Die räuberische Aneignung der unermesslichen sibirischen Naturressourcen war nicht nur Grundlage für den phantastischen Reichtum der Sibirien-Eroberer, sondern finanzierte auch den Aufstieg Russlands zu einer *europäischen Großmacht*. Sie war damit Teil der imperialen Konkurrenz europäischer Staaten. Das Russische Imperium gründet buchstäblich auf sibirischen Tierpelzen. Dabei hat die immens steigende Nachfrage nach den unvergleichlichen und der sibirischen Kälte trotzenden Pelzen die Eroberung der Gebiete vorangetrieben. Bären, Nerze und Schneefüchse in Westsibirien waren schnell fast ausgerottet. Um die Nachfrage des russischen Staates beziehungsweise die seiner (west-)europäischen Kunden zu befriedigen, mussten die Jäger und Fallensteller immer weiter nach Osten vordringen, bis sie schließlich in Alaska, dem westlichsten Punkt des amerikanischen Westens, angekommen waren.

Diese Eroberungen führten kleine, private Kosakenabteilungen durch. Der Staat hielt sich weitestgehend zurück. Er sicherte durch kleinere Militärabteilungen nur die Südflanke zum dichter besiedelten Zentralasien und nach China. Vor allem aber kassierte er ab. Ab 1697 wurde jeder Handelsverkehr zwischen Sibirien und Russland (Sibirien gehörte offiziell noch nicht zum russischen Staatsgebiet) durch einen einzigen kleinen Zollpunkt im Ural namens *Werchoturje* abgewickelt. Nachdem die Eroberung abgeschlossen war, begann langsam die Besiedlung. Unter Peter I. an der Wende vom 17. zum 18. Jahrhundert wurden zahllose Dienstleute strafversetzt, Bauern und teilweise ganze Dörfer nach Sibirien verbannt. Anstelle des europäischen Nordens Russlands wurde nun allmählich Sibirien zum neuen Gebiet für Verbannung und Strafkolonien. Die Briten sollten es den Russen rund 100 Jahre später in Australien nachmachen.

Die meisten sibirischen Völker waren zu klein und militärisch zu schwach, um gegen die europäischen Kolonisatoren nennenswerten Widerstand zu leisten. Aber einige, vor allem die *Koryaken* auf der Halbinsel Kamtschatka und die *Tschuktschen* von der Tschukotka-Halbinsel direkt gegenüber von Alaska, leisteten erbitterten Widerstand. Sie zahlten dafür einen hohen Blutzoll und wurden fast ausgerottet. Außerdem schleppten die europäischen Eroberer auch hier Infektionskrankheiten wie zum Beispiel die Pocken ein, gegen die die Bewohner Sibiriens keine Immunität besaßen.

Das vorrussische Sibirien war so dünn besiedelt, dass dort bereits im 18. Jahrhundert mehr Russen als einheimische Bewohner lebten. Regiert wurde Sibirien von Anfang an wie eine richtige Kolonie, erst von Moskau und dann von St. Petersburg aus, die ab etwa der Mitte des 18. Jahrhunderts Generalgouverneure entsandten. Allerdings erschwerten die riesigen Entfernungen und fehlende Infrastrukturen eine direkte Verwaltung. Es vergingen mehrere Wochen, oft sogar Monate, bis Informationen und Anweisungen in Sibirien oder noch weiter im Osten ankamen. Die russischen Verwalter Sibiriens waren also weitgehend auf sich selbst gestellt. Ob es gut oder schlecht verwaltet wurde, ob wenig oder viel geklaut wurde (geklaut wurde immer), lag allein am Gouverneur. Wenn es die Gelegenheit zuließ, konnten sibirische Generalgouverneure sogar Weltpolitik betreiben, wie es *Nikolaj Murawjow* tat. Ohne vom Zaren dazu beauftragt oder bevollmächtigt worden zu sein, nutzte er Mitte des 19. Jahrhunderts die Schwäche des chinesischen Staates und eroberte im Fernen Osten die Gebiete nördlich und östlich des Flusses Amur. Der Amur, knapp 3000 Kilometer lang, ist seither bis heute auf mehr als 2000 Kilometern Grenzfluss zwischen Russland und China. An seinen Ufern herrscht ein für sibirische Verhältnisse mildes Klima, das Landwirtschaft und somit die Lebensmittelversorgung für eine große Anzahl von Menschen ermöglicht. Angesichts dieses Erfolges blieb der St. Petersburger Regierung nichts anderes übrig, als sich hinter ihren Generalgouverneur zu stellen. Im *Vertrag von Peking* aus dem Jahr 1860 musste China die neuen Grenzen anerkennen. Im gleichen Jahr wurde in dem eroberten Gebiet Wladiwostok gegründet, was, Nomen est Omen oder besser Omen est Nomen, *Beherrsche den Osten* bedeutet.

In China gilt der *Vertrag von Peking* bis heute als koloniale Erniedrigung, die nicht wenige eines Tages gern revidieren würden.

In vielen der größeren sibirischen Städte wie Irkutsk, Krasnojarsk oder Tomsk begann zu dieser Zeit eine Politisierung der gebildeteren Schichten. Es entstanden zahlreiche Diskussionszirkel, aus denen eine erste, vorsichtige Unabhängigkeitsbewegung hervorging, die *Sibirskoje Oblastnitschestwo*. Ihr Protest richtete sich vor allem gegen die koloniale Behandlung Sibiriens und seiner Bewohner durch das Russische Imperium mit seinem europäischen Zentrum. Das Zentrum reagierte auf diese Kritik nicht nur mit Repressionen. Eine von ihm geförderte stürmische Modernisierung katapultierte Sibirien binnen weniger Jahrzehnte praktisch ins 20. Jahrhundert. Das wichtigste Vorhaben war der Bau der *Transsibirischen Eisenbahn*, der *Transsib*, wie sie in Russland genannt wird. Es gab viele Gegner eines so gigantischen und teuren Projekts in St. Petersburg. Ihr Hauptargument war, dass sich das hochverschuldete Imperium die *Transsib* nicht leisten könne und sie nie rentabel zu betreiben sein werde. Doch letztlich gewannen politische und geopolitische Argumente. Um das riesige Land einigermaßen effektiv und sicher regieren und vor allem zusammenhalten zu können, mussten die Kommunikationswege radikal verkürzt werden. Telegraph und Eisenbahn bildeten hier eine Einheit. Außerdem hatten die russischen Militärs im *Krimkrieg* Mitte des 19. Jahrhunderts erlebt, dass die russische Armee ihren Gegnern aus Großbritannien, Frankreich und dem Osmanischen Reich schon allein deshalb unterlegen war, weil das Straßennetz selbst im europäischen Teil Russlands völlig veraltet war. Französische und britische Truppen und ihr

Nachschub gelangten per Schiff schneller auf die Krim als die russischen auf dem Landweg aus St. Petersburg.

Finanziert wurde die von 1891 bis 1916 gebaute *Transsib* vor allem durch neue Auslandsschulden, die, ein Buchungstrick, als Staatseinnahmen deklariert wurden. Die enorme Bedeutung der neuen Eisenbahnstrecke wird durch einen Blick auf die sibirische Karte sofort deutlich. Sibirien ist vor allem von seiner West-Ost-Ausdehnung geprägt. Nur in einem recht schmalen Streifen im Süden dieses riesigen Gebietes ist so viel Landwirtschaft möglich, dass sie die dort lebenden Menschen ernähren kann. Jedenfalls sobald es sich um Menschen in größeren Ansiedlungen oder Städten handelt und nicht nur um kleinere Gruppen von Nomaden. Die großen Flüsse, vor der *Transsib* die einzigen, wenn auch nur im Sommer für Massentransporte geeigneten Wege, fließen aber von Süden nach Norden. Erst die *Transsib* durchquert das Land horizontal und ermöglichte so überhaupt die industrielle Erschließung Sibiriens.

Der industrielle Aufschwung begann im *Kusbass*, im zentralsibirischen Kohlebecken. Um die enormen Rohstoffvorkommen entstanden in der ersten Hälfte des 20. Jahrhunderts, oft mitten in der Wildnis, gigantische Industriekombinate und um diese herum neue Städte. Magnitogorsk ist die vielleicht bekannteste unter ihnen. Wie in den Jahrhunderten zuvor bildeten Gefangenen- und Sklavenarbeit mit dem Pionier- und Abenteurertum von freien Arbeitern, staatlicher Planung und staatlichem Zwang, individueller Opferbereitschaft und Erfindungsreichtum eine unauflösliche Einheit. Die Karte des *Gulags* ist auch die der sowjetischen Industrialisierung Sibiriens. Die Karte der sowjetischen Industrialisierung Sibiriens ist auch eine des *Gulags*.

Die riesige, 13 Millionen Quadratkilometer große Landmasse wurde zu einer fast ebenso großen Projektionsfläche, einem Mythos. In vielem ähnelt Sibirien dem US-amerikanischen Wilden Westen: Pionierland von fast unermesslicher Weite und Leere (die ursprünglichen Bewohner dabei weitestgehend ignorierend), in dem ein besonders robuster, zupackender, freier Menschenschlag lebt. Das ist auch dem in weiten Teilen Sibiriens harten Klima geschuldet. Dort zu leben und zu überleben, gilt allein als eine besondere Leistung.

Sibirien war immer ein Ort von in Russland sonst ungekannten Freiheiten und Möglichkeiten. Dort war der Staat, tatsächlich und im übertragenen Sinn, weiter weg. In vorindustriellen Zeiten mussten Menschen in Sibirien selbst entscheiden, wie sie leben wollten, vor allem aber, wie sie überleben konnten. St. Petersburg war fern, sie waren in guten wie in schlechten Tagen auf sich selbst gestellt. Aber auch später, sogar in der abgeriegelten Sowjetunion, versprach Sibirien kleine Fluchten und, mitunter, größere Freiheiten. Viele Menschen suchten hier, so weit weg wie eben möglich, als Aussteiger ihr Abenteuer.

Sibirien war aber auch, und hier hört die Ähnlichkeit mit dem US-Westen auf, das Land der Gefangenen und Verbannten. Über eine Million Menschen wurden allein im 19. Jahrhundert nach Sibirien verbannt und mussten in der sogenannten *Kartoga* meist lebensgefährliche Zwangsarbeit leisten. Die totalitäre erste Hälfte des 20. Jahrhunderts mit ihren industriellen Möglichkeiten übertraf diese Zahlen noch einmal um ein Vielfaches (dazu mehr im Kapitel *Zone*). Russland hatte Sibirien kolonisiert. Stalin kolonisierte nun die Kolonisatoren. Diese innere Kolonisierung war eine Potenzierung der ohnehin kolonialen Verhältnisse des russischen Staates zu den in ihm lebenden Menschen.

Sibirien ist, wie jedes kolonisierte Land, einheitlich und vielfältig zugleich. Das imperiale Russland hat dem Land seinen Stempel aufgedrückt. Die große Gleichmachmaschine Sowjetunion hat es über den gleichen groben Kamm geschoren wie das übrige Land. Auf eine ganz eigene Art ist Sibirien aber auch anders geblieben, eine vielfältige und buntere Mischung, die sich nicht auf eine einfache Formel bringen lässt. Da sind zum einen die Angehörigen der indigenen Völker, selbst von großer Vielfalt. Viele sind stark russifiziert, sprechen Russisch als Muttersprache und teilen nicht selten den christlich-orthodoxen Glauben, oft mit Einsprengseln ethnischer Religionen, in denen auch Tieren, Pflanzen, Quellen und Bergen eine Seele zugesprochen wird. Vor allem viele Bewohner der arktischen Tundra leben weiter in enger Verbindung mit der eisigen und kargen Natur. Ein Überleben ist nur im Versuch des Einklangs mit dieser und in einer über die Jahrtausende entwickelten und gelebten nachhaltigen Lebens- und Wirtschaftsweise möglich, die dem ausbeuterischen Naturverständnis der Gas- und Ölförderer entgegensteht. Ein immerwährender Konflikt, der in der Regel zugunsten der Ölmagnaten entschieden wird.

Sehr viele Menschen im heutigen Sibirien sind Nachkommen von Verbannten und Gefangenen. Der russische und mehr noch der sowjetische Staat hat Menschen zur Strafe und Disziplinierung, aber oft auch aus wirtschaftlichen Gründen nach Sibirien geschickt und nach dem Ende der Gefangenschaft nicht selten gezwungen, dort zu bleiben. Diese Erfahrung hat die Menschen in Sibirien dem Staat gegenüber, wie mir scheint, noch skeptischer gemacht als in anderen Landesteilen. Es gab dort auch keine Leibeigenschaft wie in großen Teilen des europäischen Russlands bis zu ihrer Aufhebung 1861. Immer wieder entzogen sich Bauern der Leibeigenschaft in Zentralrussland, indem sie sich nach Sibirien durchschlugen. Auch nach 1861 wanderten viele nun zwar faktisch freie, aber mittellose Bauern nach Sibirien aus. Dort gab es viel, wenn auch oft kargen Platz, und der Staat war weniger präsent.

Der größeren äußeren Freiheit entspricht eine größere innere Freiheit der Sibirer, die auch etwas Robusteres und Verlässlicheres auszeichnet, will man der russischen Mehrheitsmeinung glauben. Sie gelten als *echte* Männer und Frauen, die etwas leisten, nicht so schnell aufgeben und auch nicht leicht unterzukriegen sind. Wenig Worte, viele Taten, so das vorherrschende Bild. Oder mehr snobistisch: ein wenig hinterwäldlerisch, aber eben verlässlich. Eine kleine Episode aus dem sehr kalten Herbst 1941, die man sich in Moskau erzählt, soll das verdeutlichen. Die deutsche Wehrmacht näherte sich der Hauptstadt, viele Moskauerinnen und Moskauer waren aus der Stadt bereits evakuiert worden. Im Kreml wurde darüber diskutiert, die Stadt aufzugeben und den Deutschen zu überlassen, wie das Generalfeldmarschall *Kutusow* 1812 angesichts der anrückenden *Grande Armée* Napoleons getan hatte. Man entschied sich schließlich dafür, sibirische Einheiten der Roten Armee in weißen Felljacken für den nahenden Winterkrieg in die Stadt zu verlegen. Der Trick half. Ein Aufatmen sei durch die Bevölkerung gegangen. Nun werde alles gut, glaubten die Einwohner. Dass Moskau von den Deutschen nicht besetzt und Russland den Krieg gewann, hat den Mythos vom widerstandsfähigen Sibirer weiter gestärkt.

Bis heute lebt Russland vom Naturreichtum Sibiriens. Öl und Gas haben längst Holz, Kohle und Pelze abgelöst. Sibirien ist russisch und somit europäisch geprägt. Nennenswerte Sezessionstendenzen gibt es keine. Sibirien ist noch immer äußerst dünn besiedelt. Nur ca. 33 Millionen der etwa 145 Millionen Einwohner Russlands leben hier, also weniger als 25 Prozent. Die Fläche Sibiriens ist vier Mal so groß wie der europäische Teil Russlands. Viele Gegenden sind strukturschwach. Vor allem aus dem hohen Norden und entlegeneren Gebieten wandern Menschen nach Zentralrussland ab. Und wie überall in Russland gibt es eine Bewegung aus den sterbenden Dörfern in die Kleinstädte, von dort in die Großstädte und weiter in die Millionenagglomerationen, von denen es in Sibirien drei gibt: Nowosibirsk, Krasnojarsk und Omsk. Im Fernen Osten Russlands, nördlich der Grenze zu China, leben etwa sechs Millionen Menschen. Auf der anderen Seite leben auf kleinerer Fläche etwa 250 Millionen Chinesen. Diese strategische Herausforderung ist der Regierung in Moskau durchaus bewusst. Es gibt ein eigenes *Ministerium zur Entwicklung Sibiriens*. Doch alle Programme haben die Abwanderungsbewegungen bisher nicht stoppen können.

8. Zone. Lager. Gulag

Im Zentrum von Wologda, einer alten Handels- und Bezirksstadt gut 400 Kilometer nördlich von Moskau, steht direkt neben dem örtlichen Kreml und gegenüber der frisch weißgekalkten orthodoxen Sophienkathedrale das zweistöckige *Schalamow-Haus*. Ein dickwandiger, gedrungener, nordischer Bau aus dem 18. Jahrhundert. Er beherbergt ein für russische Regionalhauptstädte typisches kleines Kunstmuseum mit Bildern und Plastiken einheimischer Künstler, aber auch vier oder fünf Gemälde weltberühmter Maler wie *Wassilij Wereschtschagin, Boris Kustodijew* oder *Walentin Serow*, die zu sowjetischen Zeiten aus den großen Museen Moskaus und St. Petersburgs hierhergebracht worden waren. Bevor aber Besucher über eine Treppe zu den Kunstwerken im ersten Stock gelangen, müssen sie im Erdgeschoss eine kleine Ausstellung über das Leben und Werk des kaum weniger bekannten Schriftstellers *Warlam Schalamow* durchqueren.

Warlam Schalamow, 1907 in diesem Haus als Sohn eines orthodoxen Priesters geboren, war ein Überlebender des *Gulags*. 17 lange Jahre überlebte er im Straflager. Nicht in irgendeinem, sondern im Straflagersystem der Region *Kolyma*. Wenn die mit gefangenen Wissenschaftlern besetzten Lager im Moskauer Umland *Der erste Kreis der Hölle* waren, wie *Alexander Solschenyzin* seinen *Gulag*-Roman nennt, dann war die *Kolyma* der letzte. Das ist insofern ironisch, als das Höllischste dort, am Ende der Welt, noch östlicher und nördlicher, noch weiter entfernt als Sibirien, die furchtbare Kälte war. Aus der Kältehölle *Kolyma*, ein nach einem ins Nordpolarmeer fließenden Fluss benanntes Gebiet, das größer als Westeuropa ist und in das bis heute keine Straßen führen, kehrten nur wenige zurück. Von 1933 an wurden über zehn Jahre lang viel mehr Gefangene dorthin gebracht, als in dieser unwegsamen und lebensfeindlichen arktischen Wüste ernährt werden konnten. Denn auch das Essen musste aus dem Süden mit Schiffen hierher transportiert werden. Dafür reichten die zur Verfügung stehenden Tonnagen nicht aus. Das Überleben aller Gefangenen war nicht vorgesehen. Mit ihren Leben garantierten sie aber das Überleben des Staates, der sie dorthin verbannte. Buchstäblich mit ihren Händen kratzten sie bis zu 80 Prozent des damals in der Sowjetunion geschürften Goldes aus dem Permafrostboden, das der chronisch devisenschwache sowjetische Staat dringend benötigte. Heute noch werden ihre Knochen in den kurzen arktischen Sommern freigespült, weil sie, wenn sie starben, einfach an Ort und Stelle gestapelt wurden. Im dort zehn Monate dauernden Winter mit Temperaturen von unter minus 50 Grad konnte niemand beerdigt werden.

Warlam Schalamow ist, neben *Alexander Solschenizyn* und *Jewgenija Ginsburg*, wohl der wichtigste und bis heute einer der wirkmächtigsten Chronisten des *Gulags*. In seinen *Erzählungen aus Kolyma* beschreibt er den tödlichen Alltag, jenseits aller Menschlichkeit, mit einer Eindringlichkeit, wie das sonst nur Filme oder Romane vermögen. *Alexander Solschenizyn* hat den *Gulag* mit seiner scharfen Intelligenz systematisch durchdrungen und wie mit einem Skalpell seziert, so dass dessen Innerstes wie bei einer Anatomievorlesung offenliegt. *Warlam Schalamow* aber nimmt uns direkt mit in die Kälte, den Hunger, die Erniedrigung und den alles umfassenden Schmerz, der erst aufhört, wenn alle Hoffnung dahin ist.

Es gibt nur wenige solcher Erinnerungsorte an den *Gulag* wie die kleine Ausstellung im *Schalamow-Haus* in Wologda. Wahrscheinlich verdankt sie ihre Existenz eher dem regionalen Stolz auf einen berühmten Sohn der Stadt als einem breiten gesellschaftlichen Bedürfnis nach Aufarbeitung des wohl finstersten Kapitels der russischen Geschichte. Das Verhältnis dazu ist nämlich reichlich kompliziert.

Einerseits gibt es kaum eine Familie, in der der systematische Staatsterror unter Stalin keine Spuren, sehr oft aber Lücken hinterlassen hat. Fast alle Menschen im Land sind entweder die Nachfahren von Opfern oder die von Tätern. Nicht selten sogar beides. Entweder weil es Täter und Opfer in der gleichen Familie gab oder weil frühere Täter später zu Opfern wurden. In der Sowjetunion nach Stalin wurde darüber wenig, vor allem kaum öffentlich gesprochen. Der damals fast allmächtige Staat hatte daran verständlicherweise kein Interesse, legitimierte er sich durch die Ideologie doch weiter, die den Terror hervorgebracht hatte. Die berühmte Rede Nikita Chruschtschows mit dem Titel *Über den Personenkult und seine Folgen* auf dem 20. Parteitag der KPdSU 1956, in der er mit dem Terror seines Vorgängers abrechnete, wurde deshalb lange vor der Öffentlichkeit verborgen. Nur sogenannte *Parteiaktive* in Betrieben und Organisationen kannten sie. Erst 1989, auf dem Höhepunkt von Glasnost und Perestroika, durfte sie veröffentlicht werden. Selbstverständlich war auch Chruschtschow nicht unschuldig, sondern, als hoher Parteifunktionär, am Terror beteiligt. Zwar wurde der *Gulag*, die *Hauptverwaltung der Lager*, nach Stalins Tod 1953 formal aufgelöst. Viele Gefangene wurden freigelassen und etliche von ihnen, auch von den Ermordeten, rehabilitiert. Aber damit endete bereits alles, was nur entfernt als Aufarbeitung bezeichnet werden könnte. Der sowjetischen Führung war an einer öffentlichen Diskussion der Ungeheuerlichkeiten nicht gelegen. Sie hätte die Legitimität des sowjetischen Staates ins Wanken bringen können. Aus heutiger Sicht hat sie damit das Problem aber nur verdrängt. Denn 30 Jahre später wurde die Forderung nach Öffnung der Archive und einer angemessenen Erinnerung zu einer der entscheidenden Bewegkräfte der Perestroika, die das Ende des sowjetischen Staates einläutete. Das dem Tod Stalins und der Auflösung des *Gulags* folgende politische *Tauwetter* dauerte etwa zehn Jahre, bis zur Entmachtung Chruschtschows durch seinen Nachfolger Leonid Breschnjew 1964. Die Bezeichnung ist gut gewählt, denn das Eis taute zwar, aber es brach nicht.

Waren der Stalin-Terror und der *Gulag* nun eine Ausnahme in der russischen Geschichte, eng verbunden mit der Person des Diktators? Waren sie im Sowjetsystem angelegt? Oder haben sie doch etwas mit der sich durch die russische Geschichte ziehenden Verachtung der *Macht* für das *Volk* zu tun? Meine Antwort darauf fällt, ich scheue das Wort nicht, dialektisch aus, also mit einem *Sowohl-als-auch*. Ein weitgefächertes Lagersystem mit systematischer Zwangsarbeit, der *katorga*, gab es im Russischen Imperium bereits spätestens seit dem Ende des 17. Jahrhunderts. Die Verurteilten verloren sämtliche Rechte und wurden anfangs, noch unter Zar Peter I., als Sklaven beim Aufbau der ersten russischen Flotte eingesetzt. Hier zeigt sich die über Jahrhunderte währende enge Verbindung zwischen Lagerhaft, Zwangsarbeit und russischer Großmacht. Ab Mitte des 18. Jahrhunderts wurden die Zwangsarbeiter meist nach Sibirien geschickt, vor allem um in den Rohstoffminen zu schuften, aber auch um Pelztiere zu jagen. Es verwundert nicht, dass nur wenige diese

Torturen in der harten, menschenfeindlichen Wildnis überlebten. Die meisten starben an Erschöpfung und Krankheiten, sie verhungerten oder erfroren. *Fjodor Dostojewski,* von 1849 bis 1853 selbst *katorga*-Gefangener in Sibirien, schrieb darüber sehr eindringlich in seinen *Aufzeichnungen aus einem Totenhaus.*

Nach der Revolution übernahmen die *Bolschewiki* dieses System und bauten es schnell für ihre politischen Gegner aus. Anfangs waren das vor allem zaristische Offiziere und Soldaten, die im Bürgerkrieg auf der gegnerischen Seite, als *Weiße,* gekämpft hatten, aber auch Priester, Adlige und Bürger, also die politische, militärische und wirtschaftliche Elite des Zarenreiches. Doch bald schon wurden auch revolutionäre Mitstreiter der *Bolschewiki,* wie *Menschewiki, Sozialrevolutionäre* oder *Sozialdemokraten,* verfolgt und eingesperrt, da sie andere Vorstellungen für die Zukunft der Sowjetunion verfolgten. Da die *Bolschewiki* trotz ihres Namens (der sich von russisch *bolsche,* mehr, ableitet) unter den Revolutionären jedoch in der Minderheit waren, konnten ihnen diese gefährlich werden. Nur kurze Zeit später, schon unter Stalin, half es dann auch niemandem mehr, *Bolschewik* zu sein. Verfolgungswahn, Terror und Säuberungen wurden zum grundlegenden Wesensmerkmal des neuen Staates. Die *Revolution frisst ihre Kinder,* wie Georg Büchner den titelgebenden Helden in seinem Drama *Dantons Tod* in Bezug auf die Französische Revolution sagen lässt.

Die Wiege des *Gulags* stand auf den *Solowki-Inseln* im Weißen Meer, am Polarkreis im europäischen Norden Russlands. 1917 übernahmen die *Bolschewiki* das dortige Kloster, eines der abgelegensten, schönsten und wichtigsten der Russisch-Orthodoxen Kirche. Die meisten der damals rund 350 Mönche wurden verjagt, verhaftet oder sofort erschossen. Ein paar Dutzend durften bleiben, um den Betrieb aufrechtzuerhalten. Unter der Bezeichnung *Solowezker Lager für besondere Zwecke*, abgekürzt SLON (was auf Russisch auch Elefant heißt), wurde bereits 1923 aus dem Mönchsparadies ein experimentelles Konzentrationslager. Die *Solowki* waren ein Versuchslabor unter Realbedingungen. Alle Methoden, um aus den meist gebildeten und gut ausgebildeten Gefangenen Arbeitssklaven zu machen und in kurzer Zeit möglichst viel Leistung herauszupressen, wurden später in den bald Tausende zählenden Lagern des Landes angewandt. 1934 wurden sie im *Gulag* (*Glawnoje Uprawlenije LAGerej,* Hauptverwaltung der Lager) zusammengefasst.

Obwohl eine Fortsetzung des alten zaristischen Lagersystems, unterschied sich der *Gulag* von ihm durch seine Größe und die systematische und industriell angelegte Zwangsarbeit, die mitunter schlicht eine *Vernichtung durch Arbeit* war, wie der Merkantilismus im Industriezeitalter. Insgesamt etwa 18 Millionen Menschen gingen allein in den Jahren 1929 bis 1953 durch die Lager, schätzt die US-Historikerin Anne Applebaum in ihrem Buch *Der Gulag*. Hinzu kamen noch einmal 11 Millionen zwangsweise Umgesiedelte, deren Schicksal nur graduell einfacher war als das der Lagergefangenen. Das war im Schnitt, so Applebaum, *jeder vierte Mann und jede zwölfte Frau* in der Sowjetunion. Über die Zahl der *Gulag*-Toten wird bis heute, auch in der Wissenschaft, gestritten. Konservative Schätzungen gehen von mindestens drei Millionen Menschen aus.

Arsenij Roginskij, bis zu seinem Tod 2017 fast zwei Jahrzehnte lang Vorsitzender der Menschenrechtsorganisation *Memorial International*, Historiker und wohl einer der besten

Kenner des sowjetischen Repressionsapparats, erforschte den *Gulag* zeit seines Lebens. Er schätzte, dass in den gut 70 Jahren Sowjetunion mindestens eine Million Menschen direkt durch den Staat ermordet wurde. Dokumente belegen, dass er ihren Tod beschloss und sie hatte töten lassen. Oft mit Hilfe regulärer Gerichte. Während der *Großer Terror* genannten 16 Monate von Juli 1937 bis Oktober 1938 wurden mehr als 800 000 Menschen aufgrund der Beschlüsse von *Trojka* oder später *Dwojka* (von russisch drei oder zwei) genannten Schnellgerichten getötet. Mehr als 35 000 Namen, meist die von Parteifunktionären, standen allein auf von Stalin und anderen Mitgliedern des Politbüros abgezeichneten Listen, die in Schnellverfahren abgeurteilt wurden. Diese Zahlen rufen immer wieder Protest hervor. Denn sie schließen all diejenigen nicht mit ein, die an Krankheit, Kälte oder Hunger starben, egal ob im Lager, in der Verbannung oder in ukrainischen, russischen und kasachischen Dörfern während der Hungersnot Anfang der 1930er Jahre und noch einmal nach dem Krieg 1946 und 1947. Auch diese Millionen waren Opfer des sowjetischen Staates unter Stalin. Trotz aller Anstrengungen wird sich ihre genaue Zahl wohl nie ermitteln lassen. Unstrittig ist hingegen, dass die hier nur angedeutete Dimension dieser Verbrechen und das daraus resultierende Leid eine das ganze Land prägende Erfahrung war.

Warum aber gibt es dann bis heute keine wirklich tiefgreifende und die ganze Gesellschaft (oder zumindest einen großen Teil) einbeziehende Auseinandersetzung mit den Verbrechen des sowjetischen Staates im Allgemeinen und dem stalinistischen Terror im Besonderen? Versuche hat es durchaus immer wieder gegeben. Aber sie alle blieben in ihren Anfängen stecken oder wurden vom Staat unterdrückt.

Mir fallen hierzu drei Antworten ein. Die erste wurde mit dem Hinweis auf die Geheimrede von Nikita Chruschtschow 1956 bereits erwähnt: Die Machthaber nach Stalin hatten kein Interesse an einer (öffentlichen) Diskussion über den Terror. Eine solche hätte ihre Legitimität und damit ihre Macht gefährden können. Über 30 Jahre lang herrschte also weitgehend ein von oben verordnetes Schweigen. Erst in der Perestroika konnte eine gesellschaftliche Bewegung, vom Staat erst mehr geduldet als unterstützt, an die Anfänge anknüpfen. Ende der 1980er Jahre forderten Millionen Menschen auf Demonstrationen im Moskauer Stadtzentrum unter dem Motto *Wir wollen wissen* eine Öffnung der Archive und Auskunft über ihre im Terror gestorbenen und ermordeten Angehörigen und Freunde. Demonstrationen gab es auch in den Hauptstädten vieler damaliger Sowjetrepubliken. In einer kurzen Zeit bis Ende der 1990er Jahre konnten Historiker und Organisationen wie *Memorial* viele Informationen der Öffentlichkeit zugänglich machen. Das betraf vor allem Akten aus der Zeit bis Stalins Tod, es galt aber nur sehr eingeschränkt für die meisten Akten des Geheimdienstes, des KGB (Komitee für Staatssicherheit). Die in den 1990er Jahren nur erschütterte, aber nicht gebrochene Kontinuität dieses im Inneren repressiven Geheimdienstapparates seit 1917 erschwert jede Aufarbeitung.

Doch nicht nur die Kontinuität des Strafsystems vom Zarenreich bis Stalin und das anschließende lange, erzwungene Schweigen (oder maximale Flüstern) erschweren die Erinnerung an den *Gulag*. Der Sieg der Sowjetunion im Zweiten Weltkrieg, das ist die zweite Antwort, der Überlebenskrieg gegen die mordenden Deutschen, erlitten und errungen von Tätern und Opfern gemeinsam unter Schlächter Stalins

Oberbefehl, drängen Verbrechen und Leid der eigenen Bevölkerung bis heute in den Hintergrund. Dieser Sieg ist wohl das letzte einigende Band (fast) aller in Russland. Ob für Putin oder gegen Putin, ob liberal, demokratisch, kommunistisch oder nationalistisch gesinnt: Auf die Freude der Erinnerung an den Sieg können sich, einmal im Jahr am 9. Mai, alle einigen. Das schöne, freudige und ideale Bild des in der größten Not geeinten Volkes, einig mit seiner Führung, zu stören, ist fast ein Sakrileg. Wie bei einer Heiligenverehrung darf kein Schatten das Bild trüben. Nur wenige, wie *Memorial*, fragen heute noch, welche Opfer, welchen Preis dieser Sieg gekostet hat.

Dabei ist das Festhalten an diesem wahrhaft großen Moment nur allzu menschlich und verständlich. Schließlich ging es nicht nur sprichwörtlich um Leben und Tod. Und zwar sowohl um das individuelle Leben als auch um das Überleben Russlands als Staat und Nation. Der polnische Bürgerrechtler *Jacek Kuron*, einer der Führer der Opposition vor 1989, sagte Anfang der 1990er Jahre während einer deutsch-polnisch-russischen Geschichtskonferenz, vor allem an die kritischen deutschen Teilnehmer und Teilnehmerinnen gewandt, sie hätten es vergleichsweise leicht. Die überragende deutsche Erfahrung im 20. Jahrhundert sei, dass böse Politiker Böses tun. Die russische Erfahrung hingegen zeige, dass auch böse Politiker manchmal auf der Seite des Guten stehen. Diese Doppelgesichtigkeit Stalins macht Russland bis heute zu schaffen. Präsident und Staat sonnen sich gern im Glanz des Sieges, der unter Stalin als Oberbefehlshaber errungen wurde. Da sie aber dessen Verbrechen nicht gleichzeitig verurteilen, oder, wenn sie es tun, dann meist verschämt, eher leise und bei weitem nicht so energisch, wie sie den Sieg feiern, wächst das Ansehen Stalins in der russischen Bevölkerung seit den 2000er Jahren beständig. Immer mehr Menschen sehen in ihm einen effektiven Staatsmann und Manager. Je mehr Zeit vergeht, desto mehr schrumpft der Terror in der Erinnerung zu einer zu vernachlässigenden Nebenwirkung oder Abirrung. Die Vorstellung, dass der Terror sogar notwendig gewesen sei, um das Land gegen Hitler und die Deutschen zu einen und verteidigungsfähig zu machen, ist heute wieder weit verbreitet. Sie gründet auch auf der Annahme vom starken Staat, der das schwache oder zumindest wankelmütige Volk disziplinieren muss. Der Staat als Vater und das Volk als seine Kinder.

Hier rächt sich auch, dass es keine staatlichen Untersuchungen der stalinistischen, aber auch der sowjetischen Verbrechen gab, als das in den 1990er Jahren politisch möglich gewesen wäre. Zwar wurden die KGB-Archive teilweise geöffnet, es gab aber keine Lustration* und auch keine Gerichtsverfahren gegen mögliche Verbrecher (außer einem gescheiterten Versuch zum Verbot der Kommunistischen Partei der Sowjetunion). Der Staat würdigt zwar heute durchaus die Opfer des Terrors. Erst 2017 weihte Präsident Putin in Moskau eine *Mauer der Trauer* als zentrales *Denkmal für die Opfer politischer Verfolgung* ein. Aber nirgendwo werden die Täter genannt. Der russische Staat, immerhin Rechtsnachfolger der Sowjetunion, übernimmt keine Verantwortung. Stalin liegt immer noch an der Kremlmauer begraben, Lenin im Mausoleum davor. Der Terror erscheint so fast wie ein Naturereignis. Nicht zu verhindern. Überlebt. Abgehakt.

---

* Lustration bezeichnet die Entfernung von politisch belasteten Mitarbeitern aus dem Dienst.

So war es aber nicht. Im *Gulag* hatte der Staat nicht nur in Kauf genommen, dass Gefangene sterben. Das System war grundsätzlich darauf ausgerichtet, dass nicht alle überleben (konnten). Es war ein großes gesellschaftliches Experiment. Hier trafen sich alle Gesellschaftsschichten: Professoren und Sängerinnen, Schwarzhändler und Trickdiebe, Mörder, Wissenschaftler, Arbeiter und Ingenieure. In seiner Mehrheit war das Lager männlich. Frauen machten etwa 10 Prozent der Gefangenen aus, was im Übrigen auch für die heutigen Straflager gilt. Der Osteuropahistoriker Karl Schlögel bringt das, einen berühmten sowjetischen Roman paraphrasierend, auf die Formel, das auch hier, im Lager, der *Sowjetmensch geschmiedet* wurde.

Der Staat nutzte den Terror, um aus dem Agrarimperium Russland den Industriestaat Sowjetunion zu formen. Bei *Memorial* in Moskau hängen zwei riesige Landkarten an der Wand. Die eine zeigt die Verteilung der Lager des *Gulags*. Die andere die großen Industriebaustellen, darunter auch die *Großen Bauten des Kommunismus* aus der Zeit nach Stalin. Beide Karten sind fast deckungsgleich. Die riesigen Industriekombinate, gigantischen Stauseen, Kanäle oder Eisenbahnlinien wurden eben nicht nur oder nicht vor allem von enthusiastischen Kommunisten und sowjetischen Musterarbeitern gebaut, wie die Propaganda weismachen wollte, sondern zu einem großen Teil auch durch Sklavenarbeit. Buchstäblich mit ihren Händen mussten die Gefangenen erst die Infrastruktur schaffen, aus der dann die Stahlhütten, Aluminiumwerke und Kraftwerke emporwuchsen.

Im Sommer nach Stalins Tod, im März 1953, wurde ein großer Teil der Gefangenen freigelassen. Die Zahl der Häftlinge sank binnen weniger Monate von etwa 2,5 Millionen auf etwas weniger als 500 000. Viele Lager in den entlegensten Gebieten im Norden und in Sibirien wurden aufgegeben. Weitgehend aus Holz errichtet, sind sie heute fast verschwunden. Dennoch blieb ein ausgedehntes Lagersystem bestehen. Der *Gulag* war zwar der Höhepunkt der staatlichen Grausamkeiten am eigenen Volk, aber der (so systematisch wie willkürlich) strafende, wegsperrende und ausbeutende Staat ist eine der großen Konstanten in der russischen Geschichte der vergangenen 400 Jahre. Nach dem Ende des *Tauwetters* Anfang der 1960er Jahre stieg die Zahl der Gefangenen erneut schnell an und erreichte Mitte der 1980er Jahre erneut zwei Millionen, unter ihnen etwa 20 000 politische Gefangene. Das sowjetische Strafrecht kannte Straftatbestände, die es im Westen (und auch heute in Russland) nicht (mehr) gibt, wie zum Beispiel Obdachlosigkeit, Arbeitsscheu (russisch *tunejadstwo*) oder auch viele Wirtschaftsverbrechen. Auch waren die Strafen für geringe Vergehen meist erheblich höher. Der Diebstahl eines Brotes konnte durchaus im Straflager enden.

Schon vor dem Ende der Sowjetunion stand eine grundlegende Reform des Gefängnissystems ganz oben auf der Liste der Forderungen der *Dissidenten*, der einzigen, wenn auch unterdrückten Opposition. Aus den Lagern sollten Gefängnisse werden. Das jahrhundertealte System von Verbannung und Zwangsarbeit sollte verschwinden. Der noch zu Sowjetzeiten gewählte *Oberste Sowjet* Russlands setzte Anfang der 1990er Jahre eine Reformkommission ein, der auch ehemalige Häftlinge angehörten. Dabei schaute man auch über die Grenzen des Landes. Einige Mitglieder der Kommission besuchten 1991 auf Einladung der deutschen Heinrich-Böll-Stiftung Gefängnisse in Nordrhein-Westfalen. Sie interessierten sich für eine menschenwürdigere Infrastruktur ebenso wie für einen menschlicheren Strafvollzug. Doch die Reformen der kommenden Jahre blieben Stückwerk, das Lagersystem blieb bestehen. Zwei Neuerungen wurden allerdings eingeführt. Zum einen erhielten die Gefangenen das Recht, ihre Strafe künftig in ihrer Heimatregion abzubüßen. Zum anderen wurde aus der bisherigen Gnade einer vorzeitigen Entlassung auf Bewährung ebenfalls ein Recht. Beides hat die Lage vieler Gefangener erheblich verbessert, obwohl diese Rechte vom Staat inzwischen wieder vielfach missachtet werden.

Nach einer Reform der Untersuchungshaft Ende der 2000er Jahre, schon unter Präsident Wladimir Putin, verringerte sich die Zahl der Gefangenen auf rund 600 000. Anfang 2021 saßen knapp 500 000 Menschen in russischen Gefangenenlagern. Das sind, gemessen an der Einwohnerzahl, etwas weniger als in der Sowjetunion, aber noch immer rund fünfmal so viele wie in Deutschland. Der wichtigste Grund für diesen Rückgang sind die Einführung von Hausarrest und gemeinnütziger Arbeit für geringe Vergehen. Das Lagersystem und die Pflicht zur Arbeit blieben aber bestehen. Teilweise finanziert sich das Gefängnissystem noch heute über diese Zwangsarbeit.

In den 1990er Jahren schien es eine Zeit lang, als gelänge es Nichtregierungsorganisationen, ein System öffentlicher Kontrolle über die Gefängnisse und Straflager zu etablieren. Entsprechende Gesetzesänderungen erlaubten es ihnen, in einigen Regionen mit den örtlichen Gefängnisverwaltungen unangemeldete Inspektionen zu vereinbaren. Aber diese Zeit ist wieder vorbei. Das einer zentralen Leitung unterstellte Lager- und Gefängnissystem hat es geschafft, sich wieder abzuschotten. Die Inspektionen werden behindert, und in vielen Regionen ist es der Verwaltung gelungen, die angeblich unabhängigen Kommissionen ausschließlich mit ihren Parteigängern zu besetzen. Die Lager sind erneut, wie zu *Solschenizyns Gulag*-Zeiten, ein ferner *Archipel* im riesigen Meer der russischen Landmasse, ein Kosmos für sich. Dazu passen aktuelle Pläne, alle Gefängnisse in Städten zu schließen und sie auf dem platten Land neu zu errichten.

Eine dieser Inseln befindet sich wirklich auf einem Eiland, noch dazu einem künstlichen. Dieses hatten orthodoxe Mönche vor rund 500 Jahren im *Nowosero*, dem *Neusee*, etwa 600 Kilometer nördlich von Moskau geschaffen und ihr Kloster darauf errichtet. Sofort nach der Revolution 1917 machten die *Bolschewiki* aus dem Kloster ein Gefängnis. Nach dem Zweiten Weltkrieg wurden hier körperlich behinderte Häftlinge eingesperrt. Als Russland 1994 dem Europarat beitreten wollte, verhängte Präsident Boris Jelzin ein Moratorium zur Vollstreckung der Todesstrafe. Auf die entlegene Insel im *Nowosero* wurde ein Teil der zu lebenslanger Haft begnadigten nun ehemaligen Todeskandidaten gebracht. Bei meinem Besuch für eine Reportage Ende der 1990er Jahre sagte mir der Direktor – nur halb im Scherz –, seine Gefangenen seien wie Mönche in ihren Einsiedeleien und er sei ihr Abt. Sträflinge und Wächter leben wohl überall auf der Welt in einer seltsamen Symbiose.

Dieses Kapitel trägt die Überschrift *Zone*, denn kaum jemand in Russland benutzt das Wort *Gulag*. Oft wird die aus dem Deutschen entlehnte Kurzform *lager* gebraucht. Und obwohl es im Russischen viele *lager* gibt, wie zum Beispiel Pionierlager oder Sommerlager für Kinder, ist mit *lager* ohne jeden Zusatz immer das Straflager gemeint. *On v lagere* (er ist im Lager) oder *on is lagerja* (er kommt aus dem Lager) ist immer eindeutig konnotiert. Sprachlich ist das nicht ganz korrekt, denn formal wurden die Lager 1960 aufgelöst. An ihre Stelle sind sogenannte *Kolonien* getreten. Oft war das allerding nur eine Umbenennung. Die Häftlinge und auch das Wachpersonal sprechen schlicht von *sona*, der *Zone*, einem Begriff aus dem Verbrecherjargon, auf den ich im Kapitel *Diebe* näher eingehe. Innerhalb dieser *Zonen* gelten seit jeher weniger die staatlichen Gesetze als die *ponyatija*, zu Deutsch: *Begriffe*, eine Art Ehrenkodex und Überbleibsel aus der Verbrecherwelt in der frühen Sowjetunion.

In vielen Straflagern sind Misshandlungen und Folter die Regel, stellen ansteckende Krankheiten wie AIDS, Tuberkulose und Hepatitis eine große Gefahr für die Gefangenen dar, wie Journalisten und Menschenrechtler immer wieder nachweisen können. Vielleicht ist deren Arbeit der größte Unterschied zu früher. Vor allem über das Internet verbreiten Initiativen wie *Rus sidjaschtschaja* (Einsitzende Rus) oder *Mediasona* (Medien-Zone) immer wieder Videos und Informationen über die unmenschlichen Bedingungen in den Lagern. *Rus sidjaschtschaja* wurde von der Journalistin *Olga Romanowa* gegründet, nachdem ihr Ehemann aufgrund erfundener Anklagen zu einer dreijährigen Lagerhaft verurteilt worden war. *Mediasona* ist eine Initiative von *Pussy Riot*, gegründet nachdem *Maria Aljochina* und *Nadeschda Tolokonnikowa* wieder aus dem Lager entlassen worden waren. Ein russisches Sprichwort sagt, *die Rettung der Ertrinkenden sei immer Sache der Ertrinkenden selbst.* Der Staat ist allgegenwärtig und allmächtig. Jedenfalls *im Prinzip.* Im richtigen Leben kann und sollte man sich aber besser, das sagt die Erfahrung, nicht auf ihn verlassen.

9. Kommunalka.
Sowjetische Zwangs-WG

Meine erste Begegnung mit einer *kommunalka* hatte ich gleich bei meiner allerersten Reise in die Sowjetunion. Das war im Winter Anfang 1991. Späte Gorbatschow-Jahre. Die Geschäfte waren ziemlich leer, außer Brot, Kartoffeln zweifelhafter Qualität, ein paar Fischkonserven und *kompot*, einem dünnen, zuckrigen Getränk in Dreilitergläsern mit ein paar Obststücken darin, gab es kaum etwas zu kaufen. Es war die Zeit des Tausches, der *Bückware* und der sogenannten *Kolchosenmärkte*, in denen Bauern (und bereits findige, aber noch illegale Zwischenhändler) fast alles anboten, was in den Geschäften fehlte, zu Preisen allerdings, die sich die meisten Menschen nicht leisten konnten. Der Putsch von Männern, die sich zurück in die Zeiten vor Perestroika und Glasnost sehnten, sollte erst im nächsten Sommer stattfinden. Eine unerwartete Währungsreform, die die ohnehin schmalen Ersparnisse entwertet hatte, trübte die Stimmung.

Nastja hatte mich zum Abendessen zu sich nach Hause eingeladen. Sie war Deutsch- und Französischlehrerin und half mir, als des Russischen noch fast völlig Unkundigem, bei meinen Recherchen. Selbst als geringverdienender freier Journalist aus dem Westen konnte ich ihr dafür ein Honorar bezahlen, das ihren Lohn um das Fünffache überstieg. Zu Hause warteten ihr Mann Sergej und der Sohn Wanja. Sergej war Koch und damit in der privilegierten Lage, selbst in jenen knappen Zeiten noch ab und zu ein Stück Fleisch mit nach Hause bringen zu können. Er hatte *kotlety* zubereitet, wie auf Russisch Buletten oder Frikadellen heißen. Da saßen wir nun zu viert um ein kleines klappbares Teetischchen herum, Nastja und Sergej auf einem Sofa, Wanja und ich ihnen gegenüber auf einem anderen. Wir Erwachsenen tranken, was es immer gab, also Wodka. Wanja bekam *kompot*.

Die drei lebten in diesem zwölf Quadratmeter großen oder besser kleinen Zimmer in einer *kommunalka*, wie umgangssprachlich eine *kommunalnaja kwartira*, eine Kommunal- oder Gemeinschaftswohnung, bezeichnet wird. Das zweite Zimmer der Wohnung, immerhin 16 Quadratmeter groß, bewohnte eine andere, vierköpfige Familie, ein Ehepaar mit zwei kleinen Töchtern. Der vielleicht vier Quadratmeter zählende Korridor, die Küche, das Bad und die davon getrennte Toilette (sowjetischer und russischer Standard) benutzten alle gemeinsam. Auch bei späteren Besuchen wohnte ich noch bei ihnen. Nastja und Sergej schliefen auf der Ausziehcouch, ich auf einem Klappsofa und Wanja in seinem Kinderbett hinter einem Bücherregal.

Erst später habe ich begriffen, dass das eine recht untypische *kommunalka* war. Sie war mit zwei Parteien sehr klein und befand sich in einem zwölf-stöckigen Plattenbau am Rande der Stadt, in einer dieser typischen sowjetischen (und heute russischen) Wohnburgen, die *schiloj massiv*, Wohnungsmassiv, genannt werden. Denn ursprünglich waren die *kommunalkas* direkt nach der Oktoberrevolution vor allem in der ehemals zaristischen Hauptstadt Petrograd (wie das heutige St. Petersburg von 1914 bis 1924 genannt wurde), in Moskau, beide damals schon Millionenstädte, und einer Reihe anderer Großstädte entstanden. In diesen gab es viele geräumige Bürgerwohnungen und kleinere oder größere Stadtpalais der Adligen und Reichen des Zarenreiches, die verstaatlicht wurden. Ihre ursprünglichen Besitzer und Bewohnerinnen waren vor den *Bolschewiken* geflüchtet, von ihnen vertrieben worden oder auch in Krieg und Bürgerkrieg umgekommen. Wer in der Stadt blieb, musste sich mit einem Zimmer begnügen oder ausziehen. Die großzügigen Wohnungen, oft in beeindruckenden Bürgerhäusern mit schönen Fassaden und hohen Decken, wurden aufgeteilt und mit verschiedenen Bewohnern belegt. Dahinter steckte zum einen Schikane. Ideologisch sollte diese Demütigung der vormaligen Besitzer, der Unternehmer, Doktoren, Beamten, Offiziere oder Professoren, deutlich machen, wer nun das Sagen hatte. Ein viel drängenderer Grund war jedoch die überall herrschende enorme Wohnungsnot, besonders in den Großstädten. Der neue sowjetische Staat steckte noch in seinen Anfängen. Der Bürgerkrieg war noch nicht entschieden. Für größere Bauprogramme war weder Zeit, noch gab es Geld. Groß dagegen waren die Erwartungen der Massen armer Menschen an die versprochenen besseren Lebensbedingungen. Es war wohl auch entscheidend für den Ausgang des Bürgerkrieges, dass diese nicht allzu stark und allzu schnell enttäuscht wurden.

So fanden sich nun *Ehemalige* und *Neue*, eine sich schnell einbürgernde, bald stigmatisierende Bezeichnung, plötzlich in einer ungewollten Zwangsgemeinschaft wieder. Doch ging es hierbei nicht nur um Besitzrechte. Die frühen *kommunalkas* waren ein echter *Clash of Civilisation*, denn in ihnen trafen zwei völlig unterschiedliche Welten aufeinander. Die *kommunalkas* wurden zu einem Laboratorium für die Entwicklung eines neuen Menschen, des *Sowjetmenschen*, eines, folgt man der Ideologie, ganz vom Verstand geleiteten Menschen, dem Kommunismus ergeben und mit heroischem Willen dem Kollektiv verbunden. Kurz: eine schreckliche

Kopfgeburt, die mit der Zeit in einer Karikatur ihrer selbst, dem opportunistischen und untertänigen *homo sovieticus* endete. Die Ablehnung alles Bürgerlichen fand ihren symbolischen Ausdruck in der Verriegelung der oft prächtigen Eingangsportale auf der Straßenseite. Die Bewohner konnten nun nur noch durch die Höfe und Hintereingänge in die Häuser gelangen.

1991, als ich meine erste *kommunalka* betrat, natürlich durch die etwas schäbige Neubauvordertür, lebten die meisten Menschen in der gerade untergehenden Sowjetunion bereits in eigenen Wohnungen. Ende der 1950er Jahre jedoch, dem demographischen *kommunalka*-Höhepunkt, wohnten etwa 25 Millionen Familien in solchen Zwangsgemeinschaften mit anderen. In den größeren Städten lag die *kommunalka*-Quote bei über 50 Prozent. In Moskau waren es 1960 noch 60 Prozent. Seit Stalins Tod machte sich ein weicher Systembruch bemerkbar: Der Wohnungsbau erhielt, neben vermehrter Konsumgüterproduktion, in der sowjetischen Planwirtschaft Vorrang vor dem Ausbau der Schwer- und Rüstungsindustrie. Ihre Leistungsfähigkeit und Überlegenheit gegenüber dem Kapitalismus musste die sowjetische Wirtschaft nun nicht mehr nur durch die Anzahl der Panzer oder die Menge des Stahlausstoßes belegen, sondern auch durch die Jahr für Jahr erstellte Quadratmeterzahl der schnell errichteten und (bis heute) nach dem neuen Generalsekretär benannten sogenannten *Chruschtschowkas*: fünfstöckige Plattenbauten, für die die Baustandards aus Kostengründen erheblich gesenkt worden waren und die von Anfang an so konstruiert wurden, dass sie nur 40 Jahre halten sollten. Bereits bis 1970 sank die *kommunalka*-Quote in Moskau auf 40 Prozent.

Hier ist ein kleiner Einschub vonnöten. *Kommunalkas* waren aus der reinen Not geboren. Sie hatten selbstverständlich nichts mit den frühen sowjetischen Utopien neuer kollektiver Lebensformen zu tun. In den 1920er und auch noch in den 1930er Jahren entstanden, vor allem in Moskau, zahlreiche experimentelle und für ihre Zeit hochmoderne Wohnkomplexe wie das berühmte *Haus an der Moskwa*, direkt gegenüber dem Kreml, in dessen Wohnungen es nur noch kleine Teeküchen gab, dafür aber Kantinen, eine Bibliothek und Orangerie sowie einen Theatersaal, ein Kino und einen eigenen Kindergarten. Sie waren einer oberen Schicht der bei Weitem nicht klassenlosen sowjetischen Gesellschaft vorbehalten: hohen Regierungs- und Parteifunktionären, wichtigen Wissenschaftlern und bekannten Schauspielern und Künstlern mit ihren Familien. Die Bewohnerinnen und Bewohner der *kommunalkas* befanden sich eher am unteren Ende der neuen Gesellschaft.

Schon an der Wohnungstür waren *kommunalkas* gut daran zu erkennen, dass die Klingel entweder mit vielen Namen versehen war oder es gleich vier, fünf oder sechs Klingeln gab. Bei nur einer Klingel, eher die Regel, war hinter jedem Namen vermerkt, wie viele Male sie gedrückt werden musste, um die jeweiligen Bewohner zu erreichen. Darüber, wie es drinnen aussah, gibt es unzählige Schilderungen, vor allem in Memoiren, aber auch in Filmen und Romanen. Seltsamerweise begann eine wissenschaftliche Erforschung dieser Wohnform erst nach dem Ende der Sowjetunion. Vielleicht war die *kommunalka* zu alltäglich, um das Interesse von Wissenschaftlern zu wecken. Vielleicht liegt es aber auch daran, dass Soziologie in der Sowjetunion zu den hoch ideologisierten Wissenschaftsdisziplinen zählte und die *kommunalkas* der Obrigkeit eher unangenehm waren. Von den jüngeren Wissenschaftlern des neuen Russlands hat der St. Petersburger Historiker *Ilja Utechin*, selbst in einer *kommunalka* im Stadtzentrum aufgewachsen, das Leben dort vielleicht am ausführlichsten und eindrucksvollsten geschildert. Hier einige seiner Erkenntnisse: Die meist recht großen Zimmer waren oft noch einmal durch eingezogene Leichtbauwände geteilt. In Leningrad mit seinen zahlreichen Adelspalästen konnten im Extremfall bis zu 100 Menschen in einer *kommunalka* leben. In der Regel waren es aber vier, fünf oder auch sieben Familien, also zwischen 15 und 35 Menschen. Privat waren nur die Zimmer. Der Rest, Küche, Bad, Toilette und Korridor, war gemeinschaftlich genutzter Raum. In der Küche standen meist so viele Tische, wie es Parteien oder Familien in der *kommunalka* gab. Sie mussten klein sein, denn der Raum war selbstverständlich begrenzt. Ein, zwei oder auch drei Herde wurden gemeinsam genutzt, auch zum Wäschekochen (private Waschmaschinen kamen in der Sowjetunion erst in den 1970er Jahren auf), ebenso eine oder zwei Spülen. Kühlschränke, auch sie erst seit den 1970ern Standardausrüstung in Privatwohnungen, standen meist in den Zimmern, in den Küchen fehlte dazu oft der Platz. Außerdem konnten so die eigenen Lebensmittel besser vor möglicherweise hungrigen Mitbewohnerinnen und Mitbewohnern geschützt werden. Gelegenheit macht Diebe, und es gab auch so schon genug Anlass, sich zu streiten.

Die größten Engstellen im unfreiwilligen Zusammenleben waren Bad und Toilette. Eine Lücke in ihrer Benutzung zu finden, erforderte mitunter besondere Aufmerksamkeit und eine gewisse Schnelligkeit. Vor dem Bad bildeten sich vor allem morgens lange Schlangen von mehr oder weniger bekleideten Menschen mit Handtüchern über der Schulter (die, mangels Platz im Bad, im eigenen Zimmer zum Trocknen aufgehängt werden mussten) und frischer Wäsche in der Hand. Ein fernes Echo dieser Schlange findet sich heute noch in russischen Fernzügen am Morgen, kurz vor der Einfahrt in den Zielbahnhof, wenn die Passagiere, noch schlaftrunken, aus ihren Abteilen kriechen und sich für den Tag in einer anderen Stadt auf der Zugtoilette frischmachen. Auch im Zug verbringen einander völlig fremde Menschen die Nacht mit Schlaf und in Schlafbekleidung auf engstem Raum in nicht ganz freiwilliger Intimität gemeinsam. Nur dass es sich im Gegensatz zur *kommunalka* um eine Intimität auf Zeit handelt. Die *kommunalka* aber war auf unbestimmte Zeit angelegt und dauerte nicht selten ein ganzes Leben lang. Wahrscheinlich ist es nicht übertrieben, von einer *Tyrannei der Intimität* zu sprechen, eine Formulierung, die der US-amerikanische Soziologe Richard Sennett geprägt hat.

Doch zurück zum *kommunalka*-Alltag. Der Korridor diente meist als Stauraum für alles, was nicht mehr in die Zimmer passte oder gehörte. Außerdem stand seit den 1960er Jahren im Korridor das Telefon. Eines für alle, selbstverständlich. Telefonate waren in den notorisch hellhörigen *kommunalkas* ebenso wenig Privatsache wie häusliche Streitigkeiten, gesellige Abende (und nicht selten Nächte) mit Gästen oder der Sex. Alle wussten immer alles. Ob es Eheprobleme gab oder wie das Kind in der Schule abschnitt. Die Dauer und Häufigkeit des Sexes ebenso wie Verdauungsprobleme. Immer wieder trifft man auch auf Beschreibungen der Gerüche in einer *kommunalka*. Wohl unvermeidbar einer der stärksten Eindrücke, wenn viele Menschen so viel Zeit auf so engem Raum miteinander verbringen, sich dort waschen, kochen, essen, schlafen und ausscheiden, was Menschen unweigerlich ausscheiden, solange sie leben. Nase und Ohren lassen sich eben nicht wie die Augen verschließen, Geräusche und Gerüche nicht durch Wände und Vorhänge aussperren.

Was machte nun diese *tyrannische Intimität* mit den Menschen? Was machte sie mit einer Gesellschaft, in der diese Lebensweise nicht Ausnahme, sondern millionenfache Regel war? Eines wird man wohl mit Sicherheit sagen können: Die Menschen versuchten zurechtzukommen. Manchen gelang das besser, anderen schlechter. In manchen brachten Not und Zwang bessere, in anderen schlechtere Eigenschaften zum Vorschein. Die eher pessimistische Welt- und Erfahrungssicht der Menschen in der Sowjetunion lässt *Michail Bulgakow* eine seiner Figuren im Roman *Der Meister und Margarita* sagen: *Menschen sind Menschen. Die Wohnungsfrage hat alle nur verdorben.* Zwei Beispiele dafür und eines, das zeigt, dass es im Schlechten oft auch ein wenig Hoffnung gibt.

Am hässlichsten und obszönsten bewahrheitete sich *Bulgakows* Diktum zu Stalins Zeiten mit dem schrecklichen Höhepunkt des *Großen Terrors*, jenen 16 Monaten von Juli 1936 bis Oktober 1938, in denen mehr als 800 000 Menschen, die allermeisten von ihnen völlig unschuldig, von den Schergen des Diktators erschossen und noch mehr in den *Gulag* verbannt wurden (wo viele an Kälte, Hunger und Erschöpfung starben). Schon vorher hatte Stalin die Denunziation zu einem Grundpfeiler seiner und der bolschewistischen Herrschaft gemacht. Geprüft wurden die oft absurden oder lächerlichen Anschuldigungen selten. Die Geheimdienstler, Staatsanwälte und Richter hatten schließlich ihre Quoten zu erfüllen. Zehntausende Nachbarn haben ihre Wohnsituation auf Kosten ihrer Mitbewohnerinnen und Mitbewohner verbessert. In einem Klima, in dem alle vor allen Angst hatten und Vorsicht und Misstrauen überlebenswichtig waren, waren sowohl staatlicher Druck als auch private Versuchung groß. Oft mussten Täter und Opfer (oder ihre Angehörigen) und später dann zu Opfern gewordene Täter in den *kommunalkas* weiter den banalen Alltag teilen. All diese Verletzungen und Traumata sind bis heute kaum Thema. Nicht in der Öffentlichkeit eines Staates, für den die Vergangenheit vor allem aus Heldentaten und Siegen besteht. Aber auch sehr selten im Privaten. Die Täter haben geschwiegen. Und die meisten Opfer aus Scham und Angst auch.

Viele Menschen, die Russland besuchen, wundern sich über die verschlossenen Gesichter im öffentlichen Raum. Kein Augenkontakt, kaum ein Lächeln. Berüchtigt sind die unfreundlichen, ja groben Verkäuferinnen. Einer der wichtigsten Gründe dafür dürfte sein, dass in der Sowjetunion die Welt *draußen*, außerhalb von Familie und Freundeskreis, im wahrsten Sinne des Wortes gefährlich war. Das wirkt bis heute nach. Im Gegensatz dazu oder wohl besser als Ausgleich war das *Innen* umso wärmer, herzlicher und schützender. Viele Menschen beklagen heute den Verlust oder zumindest die Abnahme dieses wohligen Nestgefühls. In der *kommunalka* aber, die eine ungewollte Intimität mit Fremden erzwang, fehlte und fehlt dieser umsorgende, abgeschirmte, schützende Innenraum weitgehend. Echte Privatheit war nur sehr schwer und eingeschränkt möglich. Also legten sich viele Bewohner ein dickes Fell zu. Sie wurden ihren Nächsten gegenüber gleichgültiger und gleichzeitig gröber.

Andererseits: Die *kommunalka* war so etwas wie eine basisdemokratische Schule. Fast alle anderen Lebensbereiche in der Sowjetunion waren staatlich geregelt. Wie diese so unterschiedlichen und sich mehr oder weniger fremden Menschen ihr Zusammenleben organisierten, mussten sie jedoch selbst herausfinden. Wer darf wann Herd, Bad oder Toilette benutzen? Für wie lange? Und was passiert, wenn jemand die Regeln verletzt oder etwas kaputtgeht? Gibt es Begrenzungen für die Sprechzeiten am Telefon? Wer darf womit den gemeinsamen Raum in Küche, Korridor und möglicherweise auch noch im Treppenhaus belegen? *Ilja Utechin*, der *kommunalka*-Historiker, berichtet unter anderem ausführlich über den komplizierten (und nicht unumstrittenen) Aushandlungsprozess, wer in seiner *kommunalka* wie viel von der gemeinsamen Stromrechnung bezahlen musste. Da wurden, zur Kompromissfindung, komplizierteste Formeln entwickelt und es brauchte fast diplomatisches Geschick, um zu vermeiden, dass einige der Bewohner handgreiflich wurden. Eigene Stromzähler für jede Partei wurden übrigens meist erst im postsowjetischen Russland eingebaut. All das erforderte ein hohes Maß an Selbstorganisation, die sich in den *kommunalkas* trefflich lernen ließ.

Zwar gibt es heute in Russland viel weniger *kommunalkas* als in der Sowjetunion. Ganz verschwunden sind sie aber noch lange nicht. Genaue Zahlen für das ganze Land sind schwer zu bekommen, aber 2011 sollen allein in St. Petersburg, der *kommunalka*-Hauptstadt, noch mehr als 660 000 Menschen in mehr als 100 000 *kommunalkas* gelebt haben. Für Moskau gaben Immobilienhändler 2014 ihre Zahl mit etwa 85 000 an. Meine Frau und ich gehören zu den *kommunalka*-Totengräbern. 1998 hatten wir nach einer bezahlbaren Wohnung gesucht. Bezahlbar bezieht sich in Russland meist auf den Kaufpreis, weniger auf die Mieten. Vielleicht der gelungenste, sicher aber der am wenigsten umstrittene Teil der großen Privatisierungswellen nach dem Ende der Sowjetunion betraf die Wohnungen. Jede Einwohnerin und jeder Einwohner Russlands hatte das Recht und hat es bis heute, den Wohnraum zu privatisieren, in dem sie am 25. Dezember 1991, der Geburtsstunde des heutigen russischen Staates, offiziell lebten, auch die Bewohner von *kommunalkas*. Sie privatisierten (und privatisieren) dann jedoch nicht die gesamte Wohnung, sondern ihr jeweiliges Zimmer und einen der Zimmergröße entsprechenden Anteil an den Gemeinschaftsräumen. So ist es möglich, die Zimmer und diesen Anteil zu verkaufen. Heute leben über 90 Prozent der Russen in Eigentumswohnungen oder eigenen Häusern.

Die Bewohner der *kommunalka*, die wir uns 1998 zum Kauf ausgesucht hatten und in der wir noch immer leben, hatten sich dafür den Weg eines Tausches ausgesucht. Wir kauften drei Wohnungen, deren Wert den jeweiligen Anteilen der Bewohner an ihrer *kommunalka* entsprachen. Danach tauschten wir diese Wohnungen gegen die nun ehemalige *kommunalka*. Der gegenseitige Vorteil bestand darin, dass die ehemaligen *kommunalka*-Bewohner jeweils eine eigene, abgeschlossene Wohnung bekamen und wir, als eine Art Risiko- und Erschwernisrabatt, etwas weniger für unsere eigene, abgeschlossene Wohnung bezahlen mussten.

Seit drei Jahrzehnten entwickelt sich etwas, das man die russische Variante der Gentrifizierung nennen könnte. In unserem Treppenaufgang waren 1998 noch mehr als die Hälfte aller Wohnungen *kommunalkas*. Davon übrig geblieben sind heute nur noch zwei, und auch deren Bewohner träumen von den eigenen vier Wänden. Auf diese Weise verschwinden die *kommunalkas* allmählich.

10. Helden. Vorbilder und Versuchung

Landeanflug mit Aeroflot. Stewardess oder Purser geben das Wetter am Boden bekannt. Und dann folgt die Mitteilung, gleich werde das Flugzeug in der *Heldenstadt* Moskau landen. Neben zehn weiteren Städten und der Festung Brest dürfen sich Moskau und St. Petersburg *Heldenstädte* nennen. Vier dieser ehemals sowjetischen Städte liegen in der Ukraine (darunter zwei auf der Krim), Minsk und Brest liegen in Belarus, alle anderen in Russland. Die berühmteste *Heldenstadt* ist Wolgograd, das ehemalige Stalingrad. Seine Verteidigung war einer der Wendepunkte im Zweiten Weltkrieg. Die Menschen in diesen Städten haben, wie es in den Ernennungsurkunden heißt, *massenhaft Heldenmut bei der Verteidigung der Heimat* gegen die mörderischen deutschen Invasoren bewiesen.

Fraglos bedurfte es angesichts dieser existenziellen Gefahr echter Heldinnen und Helden. Es fällt allerdings auf, dass diese Städte ihren Heldenstatus nicht sofort nach dem Krieg erhielten. Zwar feierte am 24. Juni 1945 die Sowjetunion den Sieg über Nazideutschland mit einer Parade auf dem Roten Platz, aber zu weiteren Feiern war danach niemandem mehr zumute. Zweimal noch wurde der 9. Mai als eher stiller Gedenktag begangen, bevor Stalin ihn abschaffte. Einer Legende nach war der Diktator von Neid auf den Weltkriegshelden *Georgij Schukow* zerfressen und fürchtete, vom Volksliebling und Marschall gestürzt zu werden. Entsetzlich tief saßen aber auch der Schrecken über die Beinah-Niederlage, darüber, wie die Deutschen die Rote

Armee anfangs förmlich überrannt und welche Leiden die Menschen zu ertragen gehabt hatten. Der Preis des Sieges war gewaltig, fast unvorstellbar. Jede Erinnerung an Heldentaten war gleichzeitig eine Erinnerung an den Schmerz über die vielen Millionen Toten und hätte die Frage an der Mitschuld Stalins und der gesamten sowjetischen Staatsführung aufgeworfen, die sich von den Deutschen trotz vieler Warnungen hatten überraschen lassen. Erst am 9. Mai 1965, 20 Jahre nach Kriegsende und unter Stalins Nachnachfolger Leonid Breschnjew, fand wieder eine prunkvolle Siegesparade auf dem Roten Platz statt, wie seither jedes Jahr. Nur wenige Monate zuvor waren die ersten sieben *Heldenstädte* per *Ukas* (wie Dekrete auf Russisch heißen) des Präsidiums des Obersten Sowjets ausgezeichnet worden. Sechs weitere *Heldenstädte* folgten zwischen 1973 und 1985.

Unglücklich das Land, das Helden nötig hat, lässt Bertolt Brecht den Anti-Helden Galileo Galilei sagen. Helden werden immer dann gebraucht, wenn Not oder Mangel herrscht. Von beidem hatte Russland im 20. Jahrhundert im Überfluss. Der Erste Weltkrieg, die Oktoberrevolution und der Bürgerkrieg machten den Anfang. Es folgten Elend und Hunger aufgrund der sowjetischen Mangelwirtschaft und Stalins brutaler Industrialisierungspolitik. Das alles wurde von Anfang an vom systematischen staatlichen Terror gegen die eigene Bevölkerung begleitet, an dessen Höhepunkt in der Zeit vom Juli 1937 bis November 1938 sich erst der Hitler-Stalin-Pakt, dann der *Winterkrieg* mit Finnland und schließlich, im Juni 1941, der deutsche Überfall anschlossen. Stalin appellierte in seiner Not an den Heldenmut der Menschen und erhielt ihn millionenfach. Ohne die Heldentaten unzähliger Frauen und Männer hätte die tödliche Gefahr für das unvorbereitete Land nicht abgewehrt werden können. Es ist (selbst-)verständlich, diese Heldinnen und Helden in Ehren und, wie es pathetisch immer heißt, *in ewiger Erinnerung* zu halten, eine sowjetische Wortwahl übrigens, die direkt an die Totenformeln des orthodoxen Glaubens anschließt.

Sich als Gesellschaft zu erinnern hat (auch) immer den Zweck, sich zu vergewissern, wer man ist und woher man kommt. Die Heldentaten sowjetischer Soldatinnen und Soldaten, Partisaninnen und Partisanen, all derer, die ihren Anteil am Sieg über das nationalsozialistische Deutschland hatten, sind bis heute zu Recht unantastbar. Aber gerade diese moralische Unantastbarkeit führt zur fast unwiderstehlichen Versuchung, sich nicht nur einfach an sie zu erinnern, sondern sich ihrer auch politisch zu bedienen. Die sowjetische Führung hatte bereits vor dem *Großen Vaterländischen Krieg* viel Erfahrung darin, den Mangel an Wohlstand und Freiheit sowie den staatlichen Terror gegen das eigene Volk durch Heldenrhetorik zu verdecken. Seit 1928 wurde der Titel *Held der Arbeit* verliehen. Die ersten vier Ausgezeichneten waren zwei Lehrer und zwei Fabrikarbeiter. Bis zum Ende der Sowjetunion ernannte der Staat mehr als 21 000 Männer und Frauen zu *Helden der Arbeit*, ab 1938 *Helden der Sozialistischen Arbeit* genannt. Es waren übrigens weit mehr Helden als Heldinnen, was schon darauf verweist, dass Held zu sein traditionell etwas ist, das eher Männern zugetraut und zugeschrieben wird.

Noch wichtiger und noch prestigereicher als die Auszeichnung zum *Helden der Arbeit* war die zum *Helden der Sowjetunion*, die 1934 eingeführt wurde. *Helden der Sowjetunion* mussten etwas geleistet haben, was sie, nach Meinung der politischen Führung, zu Vorbildern für das ganze Land

machte. Sieben Polarforscher, die auf einem in der Bering-
straße vom Eis zerquetschten Eisbrecher weiterhin ihren
Dienst getan hatten, waren die Ersten. Die meisten Helden
und Heldinnen hatten tatsächlich Außerordentliches voll-
bracht. Sie waren Wissenschaftler und Forscher, Ärztinnen,
Pioniere und Soldaten und manchmal auch einfache Arbeiterinnen. Bis 1991 erhielten fast 13 000 Menschen diese höchste Auszeichnung für Verdienste gegenüber dem Staat, über
150 von ihnen nicht nur einmal. Weltkriegsmarschall *Georgij Schukow* und Langzeitgeneralsekretär Leonid Breschnjew
wurden sogar viermal geehrt.

Held der Sowjetunion oder *Held der Arbeit* zu sein war nicht
nur eine staatliche Auszeichnung, ihre Träger waren auch
in der Bevölkerung hoch angesehen. Viele Menschen unter-
schieden recht genau zwischen denjenigen Helden, die diese Auszeichnung *verdient,* und jenen, die sie sich im Staatsapparat *erdient* hatten. Nicht nur über den vierfachen Helden Breschnjew waren daher viele Witze im Umlauf (ganz
im Gegensatz zu Weltkriegsheld *Schukow*). Neben zahlreichen lebenslangen Privilegien stellte der Heldinnen- und
Heldenstatus auch ein enormes soziales Kapital dar, das im
jeweiligen Tätigkeitsfeld eingesetzt werden konnte. Helden
machten Karriere, konnten Karrieren fördern und ihre Ideen
und Projekte voranbringen (auch wenn das Wort *projekt*
postsowjetisch-russischer Neusprech ist). In einem System,
in dem es kein unabhängiges Finanzkapital gab, war solch
soziales Kapital umso wichtiger und konnte außerordentli-
chen Einfluss verschaffen.

Der Heldenstatus nutzte seinen Trägerinnen und Trägern
aber auch ganz konkret. Sie erhielten jährliche Bonuszah-
lungen etwa in Höhe eines Monatsgehaltes, bessere medi-

zinische Betreuung, eine Wohnung und ein Auto ohne die sonst üblichen jahrzehntelangen Wartezeiten. Ein in der sowjetischen Mangelgesellschaft kaum zu unterschätzendes Recht soll eine kleine Anekdote verdeutlichen. Der *Obersturmbannführer Max Otto von Stierlitz* ist allen Menschen in Russland wohlbekannt. Er ist die Hauptfigur eines 1979 vom KGB zur Imagepflege in Auftrag gegebenen Spionagemehrteilers. In zwölf meisterhaft gefilmten Schwarz-Weiß-Folgen verhindert dieser *Stierlitz*, ein sowjetischer Spion im nationalsozialistischen Deutschland, dessen wirklicher Name *Maxim Maximowitsch Issajew* ist, im Frühjahr 1945 einen Sonderfrieden der Nazis mit den USA gegen die Sowjetunion. In der Anekdote kommt *Stierlitz* in die Kantine des Reichssicherheitshauptamts in Berlin, in der zahlreiche Mitarbeiter nach Wurst anstehen. In der Schlange warten auch Gestapochef Heinrich Müller und der Leiter des Reichssicherheitshauptamts Ernst Kaltenbrunner. *Stierlitz* geht zielgerichtet an den Wartenden vorbei und lässt sich bevorzugt bedienen. Eine Stimme aus dem Off kommentiert: *Kaltenbrunner und Müller konnten nicht wissen, dass Helden der Sowjetunion das Recht haben, vor allen anderen bedient zu werden.* Selbst in der in Zeremonie und Pathos erstarrten späten Sowjetunion kam das Heldengebaren nicht mehr ohne Ironie und, mitunter, Selbstironie aus. Der Krieg und seine Leiden, die solche Zweideutigkeiten bis dahin verboten hatten, lagen bereits einige Jahrzehnte zurück.

Auch nach dem Ende der Sowjetunion gab es weiterhin Heldinnen und Helden. Zwar wurde der sozialistisch anmutende *Held der Arbeit* abgeschafft, aber die oberste Heldenkategorie überdauerte den Zusammenbruch der Sowjetunion. Schon im April 1992 wurden die ersten beiden *Helden der*

Russischen Föderation ausgezeichnet. Im Gegensatz zur Sowjetunion wird dieser Orden jedoch niemandem aus der politischen Führung verliehen, zumindest bisher nicht. Überhaupt gibt es deutlich weniger neue Heldinnen und Helden. Bis heute haben 65 Menschen diese Auszeichnung erhalten. Dafür stützt sich die politische Führung immer stärker auf die Helden früherer Zeiten, vor allem auf die Siegerinnen und Sieger im Zweiten Weltkrieg. Dieser Sieg über die Nationalsozialisten ist so unumstritten, dass er für fast alle Menschen in Russland eine einigende Wirkung hat. Alles andere ist auf die eine oder andere Weise umstritten.

Nun ist vieles daran nicht typisch russisch. Alle Staaten haben und brauchen Heldinnen und Helden. Sie sind auf Briefmarken oder Geldscheinen abgedruckt. An sie wird mittels Denkmälern und Jahrestagen erinnert. In ihrem Namen werden Ehrungen und Preise vergeben. Alle Staaten zeichnen Menschen für besondere Verdienste mit Orden aus. Das hat sehr viel mit dem Konzept des Nationalstaats und der Nation zu tun, denn beide sind ja keine naturgegebenen, sondern von Menschen gemachte und damit symbolisch aufgeladene Ordnungen. Sie bedürfen eines besonderen Sinns. Das gilt für Vielvölkerstaaten wie die Sowjetunion und das heutige Russland wahrscheinlich noch deutlich stärker als zum Beispiel für Deutschland. Dort hat sich das Heldentum aufgrund der Gräueltaten des »Dritten Reiches« gründlich selbst diskreditiert. Deswegen wird in Deutschland häufig übersehen, wie wichtig das Heldengedenken selbst bei seinen demokratischen europäischen Nachbarn oder in den USA noch heute ist. Das Leben und die Taten von Heldinnen und Helden stehen dabei symbolisch für die Werte, die eine Gesellschaft zusammenhalten (sollen). In den meisten westlichen Gesellschaften hat sich diese Symbolik in den vergangenen Jahrzehnten allerdings von heroischen Rettern in der Not auf andere, oft *postheroisch* genannte Eigenschaften verlagert. Vorbilder sind dort inzwischen eher diejenigen, die man ein wenig ironisch *Helden des Alltags* nennt, wie Feuerwehrleute oder, in der Pandemie, Mitarbeiterinnen und Mitarbeiter im Gesundheitswesen. Heldentum ohne jede ironische Brechung findet man heutzutage fast nur noch in der Unterhaltungsindustrie und im Sport. Es hat sich weitgehend aus der Sphäre des wirklichen Lebens in eine virtuelle Welt verlagert.

Die Entwicklung des *Postheroismus* vor allem in westlichen, demokratischen Industriestaaten hat viel mit zwei historisch gesehen recht neuen Erscheinungen zu tun: der weitgehenden Abwesenheit grundlegenden Mangels und grundsätzlicher Bedrohungen auf der einen und des Geburtenrückgangs auf der anderen Seite. Die allermeisten Menschen Zentraleuropas kennen keinen existenziellen Mangel mehr. Daher fehlt ein wesentlicher Grund für die Notwendigkeit von Helden. In Russland ist das anders. Die Erinnerung an solche Bedrohungen und die Möglichkeit von grundlegendem Mangel sind im kollektiven Gedächtnis weiterhin sehr lebendig. Die demographische Entwicklung ist in den europäischen Industriestaaten und in Russland dagegen gleich. Es werden hier wie dort viel weniger Kinder geboren als früher. Ein wenig zynisch gesprochen wird damit jedes Kind nicht nur emotional, sondern auch ökonomisch immer wertvoller, zu wertvoll, um sein Leben aufs Spiel zu setzen und zum Helden zu werden.

Obwohl ich immer von Heldinnen und Helden geschrieben habe, entspricht das nicht ganz der Realität. Das Heldentum ist, wie oben schon einmal angedeutet, auch in Russland eine überwiegend männliche Angelegenheit. Ganz verschwunden waren Helden aus der russischen Öffentlichkeit nie, aber ihre Wiedererweckung unter Putin ist eng mit einem erstarkenden Nationalismus und einer staatlichen Familien- und Gesellschaftspolitik verbunden, die ein sogenanntes *traditionelles Familienbild* zur staatlichen Doktrin erhoben hat: Der Mann ist Ernährer und Beschützer, während die Frau Kinder zu gebären und sich um das gemeinsame Heim zu kümmern hat. Dieses Bild hat zwar wenig mit der sozialen und gesellschaftlichen Wirklichkeit im heutigen Russland zu tun, aber es ist allein deshalb wirkmächtig, weil ihm in Umfragen stets eine Mehrheit der Menschen zustimmt. Diese Zustimmung ist Teil eines Unwohlseins gegenüber den schnellen Veränderungen, denen Russland in den vergangenen 30 Jahren ausgesetzt war. Ein bis dahin sehr abgeschlossenes Land hat sich radikal geöffnet und verändert. Konservative Vorstellungen trotz moderner Lebensweisen ist einer der (dialektischen) Widersprüche, mit denen das Land kämpft. Hinzu kommt ein Generationenkonflikt. Die eher konservativen Älteren stehen eher aufgeschlosseneren Jüngeren gegenüber, die sich aufgrund dramatisch zurückgegangener Geburtenzahlen in den 1990er Jahren aber in der Minderheit befinden. Die überwiegend traditionellen Rollenvorstellungen von Männern und Frauen finden zudem Eingang in die Erzählung vom sich angeblich im moralischen wie wirtschaftlichen Niedergang befindenden Westen (siehe Kapitel *Europa*), dem sich das gegenwärtige russische Establishment überlegen fühlt (oder zumindest so tut).

Eine kleine Geschichte soll dieses Verständnis verdeutlichen. Im Herbst 2013 fand in Moskau das Jahrestreffen des

Petersburger Dialogs statt, ein deutsch-russisches Diskussionsforum unter Schirmherrschaft von Präsident, und Kanzler oder Kanzlerin. Im Schlussplenum wurde über die schwierige Frage des Georgienkriegs 2008 gesprochen, und die Ereignisse in der Ukraine warfen bereits ihre Schatten voraus. Wie so oft in diesem Forum achtete die deutsche Seite sehr auf Verbindlichkeit, Höflichkeit und die Möglichkeit zur Verständigung, während die russischen Redebeiträge meist recht hart und kompromisslos ausfielen. Vielen Deutschen war eine Art Schuldgefühl anzumerken, während die Russen immer ein wenig beleidigt wirkten. Das letzte Wort hatte ein russischer Parlamentsabgeordneter, damals Vorsitzender des Auswärtigen Ausschusses der Duma und als russisch-nationalistischer Hardliner bekannt. Er fragte die anwesenden Deutschen, rhetorisch versteht sich, ob sie bereit wären, für Georgien in den Krieg zu ziehen. Offensichtlich nicht. Wir, die Russen, so der Abgeordnete, seien das sehr wohl: *Ende des Gesprächs!*

11. Borschtsch und andere Leckereien

Wer wie ich so lange in einem anderen Land lebt, dem fällt eine einfache Antwort auf die Frage schwer, was denn dort besonders typisch sei. Zu vieles kommt einem dabei in den Sinn. Die Trinksitten mit den nicht enden wollenden Toasts zum Beispiel. Oder die drei (denn *Gott liebt die Dreifaltigkeit!*) Küsse zur Begrüßung, immer links-rechts-links. Es könnte aber auch die *banja* sein, die ganz eigene russische Sauna, heiß, feucht und mit Birkenruten. Bei Minustemperaturen möchte ich zudem die *walenki* genannten Filzstiefel nicht missen. In ihnen bleiben die Füße selbst im strengsten Winter, der nur in Deutschland, nie aber in Russland, *sibirisch* genannt wird, immer warm. Garantiert! Aber wenn ich es recht bedenke, ist doch nichts russischer als Marmelade im Tee. Ja, richtig. Marmelade im Tee. Das ist ebenso alltäglich wie eine Scheibe Zitrone im Kaffee.

Das klingt seltsam? Ist es auch. Zumindest für die meisten Menschen, die nicht in Russland aufgewachsen sind. Die Reaktionen auf diese Kombinationen reichen von ungläubigem Staunen bis zu leichtem Ekel. Sie sind so typisch wie die russische, meist selbstgekochte Marmelade im Tee an sich. Das gilt übrigens für vieles in Russland. Nicht nur für das Essen. Die Grundlagen, die wichtigsten Zutaten der traditionellen russischen Küche unterscheiden sich kaum von denen anderer europäischer Länder nördlich und nordöstlich der Alpen: Kartoffeln, Brot, Kohl, Rote Bete, Wurzelgemüse und Milchprodukte. Sauer und salzig Eingelegtes zeugt von kurzen Vegetationsphasen und langen, erntefreien Wintern.

Die Speisen sind eher fett. Der Wald liefert Pilze und eine große Vielfalt an Beeren. Fische kommen aus Flüssen und Teichen. Dazu gibt es hochprozentigen Alkohol.

Von dieser Verwandtschaft mit anderen europäischen Küchen zeugen auch die russischen Speisen, die im Ausland bekannt sind. Der diesem Kapitel seinen Namen gebende *borschtsch* (ja, ich weiß, dass auch Ukraine, wohl mit Recht, darauf Anspruch erhebt) ist eine mit Roter Bete gefärbte Kohlsuppe. *Bliny*, aus Weizen-, Roggen- oder auch Buchweizenmehl, ähneln dem deutschen Pfannkuchen. *Soljanka* ist eine saure Allerleisuppe, und *pelmeni* sind schwäbischen Maultaschen verwandt, nur stammen sie eben aus Sibirien. Die russischen *golubzy* kenne ich seit meiner Kindheit als Kohlrouladen, und leckeres Sauerkraut bietet in Russland jeder noch so kleine Lebensmittelladen an, von den Märkten ganz zu schweigen.

Ein Teil der russischen Küche erzählt jedoch auch von einer anderen Nachbarschaft, einer im Osten und Süden, Gebieten, die im Zuge der imperialen Ausdehnung Russlands Teil des riesigen Landes wurden. Dazu gehören das allgegenwärtige *Schaschlyk* (das es ja noch weiter nach Westen geschafft hat) und der Reiseintopf *plow*. Beide zeugen vom Einfluss der Turkvölker Zentralasiens und südlich des Kaukasus. Vor allem die georgische Küche hat tiefe Spuren in Russland hinterlassen. Sie ist mit den Käsefladen *chatschapury*, der mit grünen Korianderblättern gesättigten Bohnenvorspeise *lobio*, den Auberginenröllchen mit einer Füllung aus Walnusspaste oder mit *zaziwi*, einem mit *mazoni*, einer joghurtähnlichen sauren Milchspeise eingelegtem Huhn, in Russland ähnlich omnipräsent wie die italienische Küche in Deutschland. Fast schon eingemeindet.

Überhaupt ähnelt das russisch-georgische Verhältnis dem deutsch-italienischen auf verblüffende Weise. Die Georgier waren bereits Christen und herrschten über ein kleines Imperium, als die russische Nation und ein russischer Staat gerade erst entstanden. Sie sind die südlichen, subtropischen Nachbarn. Im Laufe der Zeit gewann Russland immer mehr Macht, während sich Georgien nur mühsam gegen die vollständige osmanische Einverleibung zur Wehr setzen konnte. Schließlich war Georgien, von 1801 an, für knapp zwei Jahrhunderte Teil des Russischen Imperiums. Freiwillig, wie die meisten Russen bis heute sagen. Zwangsweise, weil die osmanische auch eine muslimische Herrschaft gewesen wäre, finden mehrheitlich die Georgier. Sie gelten als temperamentvoll-expressiv, die Russen eher als zurückhaltend und ein wenig depressiv. Wahrscheinlich ließe sich das Bonmot, die Deutschen liebten die Italiener zwar, achteten sie jedoch nicht, während umgekehrt die Italiener die Deutschen zwar achteten, aber nicht liebten, sehr gut auch auf das russisch-georgische Verhältnis übertragen.

Doch zurück zur russischen Küche. Wie überall entstand sie auf einer bäuerlichen Grundlage an den Fürstenhöfen und in den Schlossküchen. Eine landesweit einheitliche Küche entwickelte sich erst in den letzten Jahrzehnten des 18. Jahrhunderts. Die Grundlagen für moderne russische Gerichte haben sich etwa in der Mitte des 19. Jahrhunderts ausgebildet. Bester Zeuge ist das 1861 erschienene Kochbuch *Geschenk für junge Hausfrauen* von *Jelena Molochowez*. Bis zur Revolution 1917 war es das meistverkaufte Kochbuch, das immer neue Auflagen erlebte. Das *Geschenk* war zudem mehr als nur eine Rezeptsammlung, es war gleichzeitig eine Art Erziehungsratgeber. Die Auswahl der Gerichte spiegelte den orthodoxen Kirchenkalender wider. Die Fastenküche nahm großen Platz ein. Das ist nicht verwunderlich, denn das orthodoxe Kirchenjahr kennt mehr Fastentage als Tage, an denen alles zu essen erlaubt ist. Entsprechend viele Gerichte kamen ohne Fleisch, Eier und Milchprodukte aus, während Fischgerichte, die auch an bestimmten Fastentagen gegessen werden dürfen, prominent vertreten waren.

Die Oktoberrevolution stellte auch für die russische Küche einen tiefen, sogar zweifachen Einschnitt dar. Zum einen fehlten in der sowjetischen Mangelwirtschaft bald viele Zutaten, die vor der Revolution eine wichtige Rolle gespielt hatten (zumindest bei denjenigen, die sie sich leisten konnten, aber die prägten ja auch die Küche). Zum anderen galt vieles an der vorrevolutionären Küche nun als *bürgerlich* und war somit verpönt. Einfache, sättigende, *proletarische* oder *bäuerliche* Kost war angesagt. Das Schicksal des *Salats Olivier* mag hier als Beispiel dienen.

Ein französischer Koch namens *Lucien Olivier*, er betrieb Mitte des 19. Jahrhunderts in einem kleinen Park im Moskauer Stadtzentrum ein Restaurant namens *Eremitage*, kreierte einen luxuriösen Salat, dem er seinen Namen gab: *Salat Olivier*. Er bestand aus dem Fleisch wilder Haselhühner, aus Kalbszunge, schwarzem Kaviar, Krebsfleisch, Kopfsalat, Mixed Pickles, frischen Gurken, Kapern und hartgekochten Eiern. Der Clou war seine Soße, zubereitet nach einem Geheimrezept *Oliviers*. Einer Legende nach soll ihre Basis Mayonnaise gewesen sein. Nach der Revolution waren die erforderlichen Zutaten mit Ausnahme von Gurken, Eiern und Mixed Pickles kaum mehr zu bekommen. Der *Salat Olivier* aber hatte inzwischen Kultstatus erlangt und gehörte in Russland zum Weihnachts- und Neujahrsfest wie anderswo

Gans oder Karpfen. Also musste Ersatz her. Flugs ersetzten Erbsen die Kapern, Möhren das rote Krebsfleisch, anstelle von Haselhühnern tat es nun einfaches Hühnerfleisch oder, denn auch das war oft knapp, schlichte Kochwurst. Kartoffeln gaben Masse und pure Mayonnaise ersetzte die Soße. *Salat Olivier* ist so populär und so unverbrüchlich russisch, dass die Tageszeitung *Trud* 2009 analog zum bekannten Big-Mac-Index einen *Olivier-Index* zur Inflationsbestimmung einführen konnte.

Das Kochbuch *Geschenk für junge Hausfrauen* wurde nach der Revolution nicht mehr herausgegeben. Zu viele Rezepte erinnerten nun daran, was es alles nicht mehr gab. Diese Lücke schloss das sowjetische *Ministerium für Leicht- und Lebensmittelindustrie* 1939 mit dem *Buch vom schmackhaften und gesunden Essen*. Auch dieses neue universelle Kochbuch ist ein Erziehungsratgeber. Nachdem der proletarische Elan der Anfangsjahre ein wenig abgeklungen war, wollte die sowjetische Regierung ihren Bürgerinnen und Bürgern wieder bürgerlichere Sitten beibringen, ohne diese gleich beim Namen zu nennen. Von Warenkunde über Tipps für gesunde Ernährung bis hin zu Tischsitten reichen die Themen – neben über 700 Rezepten. Es ist quasi das Dr.-Oetker-Schulkochbuch Russlands. Die Aufmachung ist, für die damalige Zeit, prächtig, mit großformatigen, farbigen Bilder auf feinem Papier. Sie erinnert eher an ein enzyklopädisches Lexikon als an ein Kochbuch. Die erste Auflage musste in Leipzig gedruckt werden, weil die Druckereien in der Sowjetunion der 1930er Jahre Bücher in dieser Qualität noch nicht herstellen konnten. Das *Buch vom schmackhaften und gesunden Essen* erlebt bis heute viele Neuauflagen, wurde immer wieder, zum Teil grundlegend, bearbeitet und spiegelt jeweils den (politischen) Geist der jeweiligen Zeit. Die Ausgabe von 1952 zum Beispiel propagierte, dass das Sowjetvolk nun, sieben Jahre nach Ende des Kriegs, ein Recht auf mehr und besseren Konsum hatte. Allerdings, es war die Zeit des stalinistischen *Kampfs mit dem Kosmopolitismus*, waren viele ausländisch anmutende Gerichte und Zutaten wie Ketchup, Punsch oder Sandwich daraus verschwunden.

Wie sieht nun aber die moderne russische Küche aus? Zuerst zu den Mahlzeiten. Wie in vielen südeuropäischen Ländern sind auch in Russland das Frühstück und das Abendessen die wichtigsten Mahlzeiten. Der Frühstücksklassiker ist *kascha*, russischer Brei, bevorzugt aus Grieß oder Haferflocken, aber oft auch aus Buchweizen. Dazu gibt es verschiedene Milchspeisen. Russischer Quark ist körnig und dick, er gleicht eher einem Hüttenkäse und wird mit Marmelade zum Frühstück gelöffelt. Beliebt sind auch *oladji*, kleine, handtellergroße Pfannkuchen aus Weizen- oder Buchweizenmehl, die ebenfalls mit Marmelade, Honig oder *smetana*, der russischen Crème fraîche, gegessen werden. Sind die *oladji* aus Quark, heißen sie *syrniki*, von *syr*, Käse. *Smetana* Crème fraîche zu nennen ist übrigens eine Beleidigung und zwar der russischen, nicht der französischen Küche. *Smetana*, und hier gerate ich ins Schwärmen, ist viel, wirklich viel zarter. Und sie ist in der russischen Küche allgegenwärtig: beim Backen, um Soßen zu binden, vor allem aber, um ganz pur mit Früchten, Schokolade oder Marmelade zu Tee oder Kaffee gegessen zu werden.

Damit wären wir bei den *bliny*. Auch diese sehr dünnen, meist weniger als eine Minute auf kleinem Feuer und mit ganz wenig Butter gebackenen Pfannkuchen sind ohne *smetana* undenkbar. Es gibt sogar ein eigenes *Bliny*-Fest, auch wenn es offiziell nicht so heißt. Anstelle von Karneval wird in der letzten Woche vor dem großen Osterfasten *masleniza* gefeiert. Der Name kommt von *maslo*, Butter oder Öl. Ein letztes Mal darf vor dem Fasten geschlemmt werden, und *bliny* sind die Grundlage dieser Völlerei. Sie werden mit allem belegt, gefüllt oder gerollt, was lecker und fett ist (außer mit Fleisch, denn das ist während der *masleniza*-Woche schon verboten). Es gibt sie mit gebeiztem Lachs, mit Kaviar, mit Schokoladencreme oder Marmelade und, für Kinder, mit viel Zucker. Vor der Revolution war *masleniza* die Zeit großer, bunter und lauter Volksfeste mit Spielbuden, Gauklern, Schaustellern und organisierten Schlägereien für die männliche Jugend. Nacheinander wurden Verwandte und Freunde besucht. In der Sowjetunion waren die Volksfeste verboten, aber das *Bliny*-Essen hat sich als fernes Echo über die Zeiten gerettet.

Das Wichtigste bei einem russischen Festmahl sind die *sakuski*, die Vorspeisen. Suppe, Hauptgericht und Dessert gibt es zwar auch, aber mit der Vielfalt und Menge, und vor allem mit den unerschöpflichen Variationen der Vorspeisen können sie nicht mithalten. Meist biegt sich der Tisch unter zahllosen Salaten, verschiedenen Sorten von Wurst, Fleisch und Fisch, gefüllt, gerollt, geräuchert, eingelegt oder in Aspik. Matjesheringe dürfen auf keinen Fall fehlen. Weiter gehört dazu *salo*, gesalzener und gewürzter weißer Speck, ursprünglich eine ukrainische Spezialität, der aber längst ebenso eingebürgert ist wie der (oft noch *ukrainisch* genannte) *borschtsch*. Nicht fehlen darf sogenanntes *Grün*. Darunter werden Frühlingszwiebeln, Petersilie, Dill, Koriander, manchmal auch Basilikum zusammengefasst. Ebenso *solenije*, das sind Salzgurken, Sauerkraut, sauer eingelegter Weiß- und Rotkohl, Knoblauch oder Bärlauch.

Eine ganz besondere Vorspeise, wie der *Salat Olivier* fester Bestandteil des Silvestermahls, trägt den etwas seltsamen Namen *Hering unterm Pelzmantel*. Sie wird aus klein geschnittenem Matjesfilet und Zwiebeln zubereitet und von gekochten und geriebenen Kartoffeln, Möhren und Roter Bete bedeckt, die den *Pelzmantel* bilden. Den Abschluss dieser kleinen Auswahl soll der *forschmak* bilden. Er hat seinen Ursprung in der jüdischen Küche und bedeutet, auf Jiddisch, schlicht *Vorspeise*. Für *forschmak* werden Salzheringe, Zwiebeln, Äpfel und Weißbrot durch einen Fleischwolf gedreht oder im Mixer zerkleinert. Zum Binden nutzen manche Eier, andere Schmelzkäse. Die *sakuski* werden nicht abgeräumt. Sie bleiben immer bis zum Ende des Abends auf dem Tisch, denn Wodka trinken ohne *sakuski* ist undenkbar (mehr dazu siehe im Kapitel *Wodka*).

Vom Sammeln, Einkochen und Einlegen war bisher nur am Rande die Rede. Wer aber in Russland über Land fährt, dem werden am Wegesrand zu fast allen Jahreszeiten nicht nur Kartoffeln, Kürbisse, Honig oder Kohl angeboten, sondern auch selbst Gesammeltes und Eingemachtes. Das reicht von Beeren, marinierten Pilzen und Salzgurken über Marmeladen bis zu *kwass* und Moosbeerensaft, dem *kljukwennij mors*. *Kwass* ist ein in Farbe und Geruch an Bier erinnerndes, sehr schwach alkoholisches Getränk aus vergorenem Brot, das vor allem im Sommer herrlich erfrischend ist. Der Moosbeerensaft hingegen ist ein eher leichter, oft etwas zu süßer Nektar, der, mit viel Vitamin C, als ideales Erkältungsgetränk gilt.

Fast völlig verschwunden sind die *Samoware*, die traditionellen russischen Wasserkocher aus verziertem Metall, mit Abflusshahn und einem kleinen Teekännchen obendrauf.

In dem Kännchen wurde ein Teesud angesetzt, den man in jeder Tasse individuell mit heißem Wasser aus dem *Samowar* verdünnte. Elektrische Wasserkocher und Teebeutel haben dieser schönen, kontemplativen Tradition ein Ende bereitet. Nur in manchen Schnellrestaurants und Kantinen stehen noch große Fake-*Samoware*, in die heißes Wasser aus den elektrischen Wasserkochern gegossen wird, um damit Teebeutel aufzugießen. Überhaupt vollzieht sich vor allem in den großen Städten seit einigen Jahren der Übergang von Tee zu Kaffee. Während es *Coffeeshops* und *Coffee to go* an jeder Straßenecke gibt, sind Teehäuser immer seltener zu finden. Das Teeland Russland verschwindet langsam.

12. Wlast. Volk und Macht

Die russische Geschichte ist voll von gewaltsamen Aufständen gegen die zentrale Herrschaft, im Russischen meist kurz *wlast*, direkt übersetzt *Macht* genannt. Einer der berühmtesten und berüchtigtsten ist der *Rasin-Aufstand* gegen den Zaren in der zweiten Hälfte des 17. Jahrhunderts. Sein Anführer war der Donkosaken-Ataman *Stepan Rasin*. Er entstammte einer wohlhabenden Familie und hatte zuvor, im Auftrag des Zaren, an der östlichen Grenze des Reiches mit *Tataren* und *Kalmücken* verhandelt und im Süden die Grenzgebiete zum Osmanischen Reich geplündert. 1670 versammelte er um seine Kosakentruppe weitere Unzufriedene. Viele Bauern, in Ungnade gefallene orthodoxe Altgläubige und Angehörige anderer Minderheiten im damals schon viele Völker umfassenden Reich schlossen sich an. Die Truppe zog die Wolga hinauf, Richtung Moskau, eroberte und verwüstete einige Städte, darunter Astrachan und Samara. Doch schnell brachte ein Adelsaufgebot dem eher wilden Haufen einige Niederlagen bei. Viele seiner ursprünglichen Mitstreiter verließen *Rasin* daraufhin. Er selbst wurde gefangen genommen und im Juni 1671 im Herzen Moskaus auf dem Roten Platz geviertelt.

Dieser Aufstand, im Russischen *bunt* genannt, beschäftigt seither immer wieder die Phantasie vieler, wenn sie über das Verhältnis von Mensch und Macht, von Bürger und Staat in Russland nachdenken. Der sowjetische Schriftsteller, Regisseur und Schauspieler *Wasilij Schukschin* plante in den 1970er Jahren, *Rasins* Leben und Aufstand zu verfilmen. Einem Roman über sein Leben und einem auf diesem aufbauenden Drehbuch gab er den Titel *Ich kam, Euch die Freiheit zu geben*. Jahrelang putzte er die Klinken der sowjetischen Kulturbürokratie, um Erlaubnis und Geld zusammenzubringen, starb dann, erst 45-jährig, just als er beides erreicht zu haben schien.

Aus einem romantischen Blickwinkel fasziniert der *Rasin-Aufstand* die Gemüter vor allem durch das revolutionäre Aufeinanderprallen von Obrigkeit und Volk, das sich bis heute immer wieder durch russische Geschichtserzählungen zieht. Die Bolschewisten versuchten diesen Gegensatz nach der Oktoberrevolution 1917 aufzulösen, indem sie das Volk zur Obrigkeit erklärten. Eine (kurze) Zeit lang haben viele daran geglaubt. Ich benutze hier das Wort *Obrigkeit* (im Gegensatz zu *Staat* oder, so die DDR-Übersetzung von *wlast*, *Staatsmacht*) nicht zufällig. Im russischen Sprachgebrauch wird bis heute das Wort *wlast* ganz unwillkürlich gebraucht, wenn vom Staat die Rede ist, praktisch synonym. Es bezeichnet aber auch diejenigen, die für und durch den Staat Herrschaft ausüben. Die *Macht* wird also wie ein Subjekt, fast wie eine Person aufgefasst. Früher war sie das ja auch, personifiziert im Zaren oder der Zarin, die den Titel *samoderschawez* trugen, Alleinherrscher oder, direkter, Selbstherrscher. Die *wlast* lebt in Russland in der einen Sphäre. Das Volk, *narod*, dagegen in einer anderen.

Auch wenn Aufstände Einzelner, wie der von *Rasin* und seinen Leuten, meist als Erhebungen des Volkes bezeichnet werden, stammten deren Anführer und Anführerinnen oft gerade nicht aus dem einfachen Volk. *Rasin* war kein Bauer, kein Leibeigener. Er gehörte einer gebildeten und wohlhabenden Schicht an und stand im Dienst der *Staatsmacht*.

Auch auf spätere Revolutionäre oder Reformer wie die *Dekabristen* in der ersten Hälfte des 19. Jahrhunderts oder den Sowjetführer Lenin sowie auf die meisten derjenigen, die am Ende des 20. Jahrhunderts erst unter und dann gegen Michail Gorbatschow die Perestroika durchsetzten, traf das zu. Im Bewusstsein vieler Menschen in Russland gehörte oder gehört die politische, wirtschaftliche, intellektuelle und auch die kulturelle Elite, die *Intelligenzija*, fraglos zu *denen da oben* (was die meisten Angehörigen der *Intelligenzija* immer heftig abgelehnt haben). Es ist die Vorstellung von einer Oberschicht, der das Volk als weitgehend machtlose Verfügungsmasse gegenübersteht. Auch eine eventuelle Opposition ist aus dieser Sicht Teil der *Macht*.

Der *russkij bunt*, diese spezielle russische Form des Aufruhrs, ist das spiegelbildliche Gegenstück zur absoluten Herrschaft der Zaren. Ein Sprichwort sagt, dass die Menschen in Russland sehr lange leiden, alles hinnehmen und erdulden, wenn sie sich dann jedoch erheben, werden sie zu einem ungestümen Naturereignis, einem Sturm, der alles auf seinem Weg erbarmungslos und grausam zermalmt. In einem populären sowjetischen Film heißt es über den Anführer solch einer Bande, er schone weder Fremde noch die eigenen Leute. Die Gewalt des russischen Aufstands gilt daher als wenig zielgerichtet, und die Menschen legen Wert darauf, dass er nicht eigennützig sei, sondern sich auf ein tiefes Gefühl von Recht und Unrecht stütze.

So einflusslos und ohnmächtig das Volk, so entrückt die *Staatsmacht*. In russischen Zeitungen oder auch im Radio oder Fernsehen werden oft Redewendungen gebraucht, die *wlast* als Staatsmacht zu einem handelnden und dabei doch anonymisierten Subjekt machen. Die *wlast* heißt es dann oft, habe dieses oder jenes beschlossen, dieses oder jenes angeordnet – nicht der Staat, die Regierung, die Stadtverwaltung oder der Präsident. So bleibt der Staat etwas den Menschen Außenstehendes, an dem sie nur als Objekte teilhaben.

Das, was diese *wlast* mit den Menschen macht, muss nicht unbedingt immer etwas Schlechtes sein, sie ist auch für das Gute zuständig. Die *Staatsmacht* darf über die Menschen entscheiden, muss aber auch für sie sorgen. Hier kommt auf beiden Seiten ein immer noch vormodernes, ja obrigkeitsstaatliches Denken zum Ausdruck. Der Staat ist für Schulen, Kindergärten, Krankenhäuser, Ernährung, Arbeit und Sicherheit zuständig. Gleichzeitig wissen die Menschen aus eigener, oft bitterer Erfahrung nur zu gut, dass er all das oft nicht leistet, dass man sich auf ihn also nicht verlassen kann. Das war, so eine weit verbreitete Meinung in der Bevölkerung, schon immer so und wird sich nicht ändern.

Das klingt absolut und resignativ. Doch wenn man nachfragt, wird schnell klar, dass diese Erzählung viele Lücken hat, denn es gab Zeiten, in denen der Staat seinen Verpflichtungen besser, und andere, in denen er ihnen schlechter oder gar nicht nachgekommen ist. Heute gilt vielen im Land die Zeit unter dem sowjetischen Generalsekretär Leonid Breschnew, also von Mitte der 1960er bis Anfang der 1980er Jahre, als Beispiel für einen eher sorgenden Staat, während die 1990er Jahre unter Boris Jelzin als *Zeit des Chaos* gelten, in der der Staat zerfiel oder abwesend war.

Das ist eine erstaunliche Umwidmung, denn die Breschnew-Zeit erschien vielen Zeitgenossen als eine bleierne Zeit, als eine Zeit des Stillstands. Alles wirkte wie in Stein gemeißelt. Die Sowjetunion schien ewig zu existieren. Gleichzeitig war das Leben in den späten Jahren des Kommunismus, wenn man sich anpasste und unterordnete, vergleichsweise sorglos. Es gab zwar Mangel, aber keinen Hunger. Man durfte das Land nicht verlassen oder sich politisch betätigen, fand aber viele Nischen. Es gab Repressionen, und viele Dissidenten wurden in Arbeitslager gesteckt, in Psychiatrien als angeblich geisteskrank zwangsbehandelt oder ausgebürgert. Aber auf das riesige Land bezogen, konnte man das, wenn man denn wollte, durchaus verdrängen. Und viele wollten das. Zumindest in den Jahrzehnten nach Stalins Tod, als es für die Menschen nicht mehr buchstäblich um ihr Leben ging, sondern um ein besseres oder schlechteres Leben.

Mit dem Zerfall der Sowjetunion war dann plötzlich sowohl der sorgende als auch der strafende Staat verschwunden. Viele Menschen hatten in der Perestroika mehr Freiheit gefordert und nun auch bekommen. Aber nur wenige wollten weniger versorgt werden. Eher umgekehrt: Der Sinn der geforderten Freiheit war angesichts der sowjetischen Misswirtschaft für die Mehrheit gerade die Beseitigung des Mangels. Diejenigen, die in erster Linie für politische Freiheit gekämpft hatten, die Dissidenten und auch viele Intellektuelle, waren in der Minderheit. Auf die Freiheit aber waren weder die Menschen noch der Staat vorbereitet. Allerdings hat das alte Konzept der beiden wenig verbundenen Sphären von Staatsmacht und Volk, von *wlast* und *narod*, die Menschen immer (wieder) gezwungen, sich selbst zu versorgen. Denn die *wlast* rettet im Zweifel eher sich selbst als die Menschen. In den 1990er Jahren verabschiedete sich der Staat weitgehend aus der Daseinsvorsorge. Er und die Bevölkerung lebten mehr nebeneinander als miteinander. Beide waren mit sich selbst und mit dem Überleben beschäftigt.

Als Wladimir Putin Präsident wurde, hatte der Ölpreis schon längst wieder stetig und kräftig zu steigen begonnen. Auch dadurch wuchs Putins Popularität in vorher ungekannte Höhen. Schnell lief alles wieder in altbekannten Bahnen: Politik wurde erneut zum Vorrecht der *Staatsmacht*, die versprach, (materiell) gut für die Menschen zu sorgen, wenn diese ihrerseits darauf verzichteten, sich in die Politik einzumischen. Dank der fast zehn Jahre lang steigenden Öl- und Gaseinnahmen gelang das auch ganz gut. Einige wenige wurden in dieser Zeit sehr schnell sehr reich. Bei den allermeisten anderen ging es zwar weit weniger schnell nach oben, aber es ging (fast allen) besser. Der Moskauer Wirtschaftsprofessor *Alexander Ausan* nannte das, ich bin darauf im Kapitel *Demokratie* schon eingegangen, einen neuen, *ungeschriebenen Gesellschaftsvertrag*. Neu war daran vor allem, dass die Menschen etwas dafür bekamen, dass sie sich beherrschen ließen.

Selbstbewusste und selbstständige Bürgerinnen und Bürger machte das aus den allermeisten Menschen in Russland noch nicht. Der Soziologe und Kulturwissenschaftler *Boris Dubin* vom Lewada-Zentrum, dem einzigen einigermaßen unabhängigen Umfrageinstitut in Russland, beschrieb sie 2005 eher als Beobachter denn als Bürgerinnen und Bürger. Viele Menschen, so *Dubin*, würden sich verhalten, als stünden sie neben der Gesellschaft und wären nicht ein Teil von ihr. Das ist nicht, wie es scheinen mag, irrational, sondern eher ein Ausdruck von Realismus, denn in ihrem Verständnis hatten sie ja ohnehin nichts zu sagen. Warum sich also damit beschäftigen und dafür Kraft aufbringen?

Der Staat reproduziert die Teilung des Landes in *wlast* und *narod* viele Male, so dass man in Russland weniger von einer

Gesellschaft sprechen kann als vielmehr von vielen einzelnen, nebeneinander existierenden Gruppen, denen der Staat bestimmte Funktionen zuteilt: Die eine ist für Politik zuständig, die andere für Kultur. Die nächste für Wirtschaft und so fort. An die Stelle von Beteiligung treten Symbole und Rituale, die Partizipation simulieren. Dazu gehören die jährliche mehrstündige Pressekonferenz Wladimir Putins oder die ebenfalls jährliche *direkte Linie*, eine Art Bürgersprechstunde des Präsidenten. Beide dauern vier und mehr Stunden und werden live im Fernsehen übertragen.

Es gibt im heutigen Russland alle Institutionen eines entwickelten und auch demokratischen Staates. Aber sie sind ausgehöhlt, nur Simulation. Letztlich ist es immer nur die *Macht*, die entscheidet. Wer an der *Macht* ist, ist nicht nur in ihrem Besitz, sondern *verkörpert* sie ganz konkret physisch. Ein wenig erinnert das an die mittelalterliche von Ernst H. Kantorowicz beschriebene Vorstellung von den *zwei Körpern des Königs*, einem öffentlichen, übernatürlichen und einem privaten. *Wjatscheslaw Wolodin*, der damalige stellvertretende Chef der Präsidentenadministration, eine Art Chefideologe des Präsidenten, drückte das Verhältnis 2015 so aus: *Solange es Putin gibt, gibt es Russland. Ohne Putin gibt es auch kein Russland.* Das illustriert einerseits die Schwäche der *Staatsmacht*, aber auch die Schwäche der Bevölkerung, der es nicht gelingt, sich als Gesellschaft zusammenzuschließen und eine wirkungsvolle Gegenmacht darzustellen.

Schon in der Sowjetunion hat diese Schwäche zu etwas geführt, das später *Zwiedenken* oder, wissenschaftlicher ausgedrückt, *kognitive Dissonanz* genannt wurde. Die Menschen zeigen äußerlich dem Staat gegenüber Loyalität. Sie wiederholen die ideologischen Losungen und nehmen mit mehr oder weniger gespieltem Enthusiasmus an den rituellen Feiern teil. Aber ihr Leben richten sie an anderen, informellen Regeln der Beziehungen untereinander und zum Staat aus. Diese Regeln sind vor allem praktischer Natur und haben mit Rechten und Gesetzen, wie sie das Leben in einem Rechtsstaat regeln, nur entfernt etwas zu tun. Denn sie sind vor allem Instrumente derjenigen, die *an der Macht* sind. Diese informellen, aber allen bekannten Regeln werden oft *ponjatije* genannt. Wörtlich übersetzt bedeutet es *Begriffe* und stammt aus der Ganovensprache. Das ist kein Zufall, und ich gehe darauf im Kapitel zur Schimpfsprache *mat* näher ein.

Natürlich können auch in Russland *Staatsmacht* und *Volk* nicht getrennt voneinander existieren, wie der ungeschriebene Gesellschaftsvertrag aus den 2000er Jahren zeigt, von dem *Alexander Ausan* sprach. Grundsätzlich besitzt die *Macht*, um an der Macht zu bleiben, drei Stellschrauben: Gewalt – die wichtigste zu Stalins Zeiten. Materielles Wohlergehen – damit haben die späten Sowjetführer versucht, ihre Gewaltherrschaft zu festigen, und auch für Putin ist das ein wichtiger Faktor. Legitimität – also die Anerkennung der *Macht* durch möglichst viele Menschen. Zu Zarenzeiten drückte sich das vor allem in dem Glauben aus, der Herrscher sei *von Gott gesalbt*. Die Sowjetunion versuchte ihre Legitimität aus der Behauptung zu ziehen, die Kommunistische Partei sei die Verkörperung des Volkswillens. Außerdem wandte sie einen Trick an: Sie verlegte das gute Leben in eine nicht näher definierte, fast paradiesische Zukunft, die eintrete, wenn nur der weisen Führung der Partei gefolgt werde. Im heutigen Russland muss auch Putin, bei allen autoritären Tendenzen, immer so tun, als wäre er in tatsächlich freien und fairen Wahlen von der Mehrheit des Volkes gewählt worden. Da alle wissen, dass die Wahlen aber genau das nicht sind, wird so getan, als belegten die allgegenwärtigen Meinungsumfragen Putins fraglose Popularität. Weil aber Legitimitätsnachweis, unsaubere Wahlen und Meinungsumfragen erhebliche Zweifel aufwerfen, braucht Putin besonders hohe Zustimmungswerte. Deshalb wird der Kreml bereits nervös, wenn sein Rating unter 70 Prozent sinkt.

Alle diese Konstrukte müssen dem Volk immer wieder vermittelt werden. Das Zarenreich bediente sich dabei der Kirche. In der Sowjetunion übernahm das die Kommunistische Partei mit dem hehren Zukunftsversprechen. Dafür organisierte sie sich Unterstützung, die sogenannte *Intelligenzija*. Das waren Schriftsteller, Dichter, Musiker, bildende Künstler, aber auch Physiker und Ingenieure, die, allesamt stellvertretend für das Volk, den Sinn der Ideologie diskutierten und ihr dadurch Glaubwürdigkeit verliehen. Angehörige der *Intelligenzija* wurden von der Staatsmacht materiell unterhalten und mit allerlei Privilegien ausgestattet, wie zum Beispiel mit recht hohen Honoraren, einer Datscha oder gar der Möglichkeit, ins westliche, also feindliche Ausland reisen zu dürfen. So erzeugten sie eine Art moralische Gegenöffentlichkeit. Mal geschah das in einem begrenzten öffentlichen Raum, in einem Theater, auf einer Festivalwiese an der Wolga oder in einem Universitätshörsaal. Öfter dagegen in den berühmten *Moskauer Küchen*. Da es keinen vom Staat unkontrollierten öffentlichen Raum gab, wurden Privatwohnungen für zumindest eine Teilöffentlichkeit genutzt. Und die Küchen waren es, weil sie wegen der engen sowjetischen Wohnverhältnisse ohnehin oft die Funktion des »gästeempfangenden Wohnzimmers« europäisch-bürgerlicher Provenienz übernommen hatten. Allerdings konnte sich auch diese Teilöffentlichkeit den argwöhnischen Augen und gespitzten Ohren der Staatssicherheit nicht entziehen. Wenn jemand im Russischen *intelligent* genannt wird, haftet ihm immer auch eine positive ethische Zuschreibung an. *Intelligente* Bösewichte sind in diesem Sinne ein Widerspruch in sich.

Im heutigen Russland ist die *Intelligenzija* als gesellschaftliches oder (vor-)politisches Phänomen praktisch verschwunden. Ihre Rolle als moralisches Korrektiv hallt höchstens noch in der Sprache nach, und einzelne Personen gelten öffentlich als hoch angesehen. Aber das ist nur ein Echo aus vergangenen Zeiten. Der Staat, die *Staatsmacht*, bedient sich heutzutage moderner, auch technologischer Methoden. Die *Intelligenzija* wurde durch Umfrageinstitute, politische Public Relations, sogenannte *Polittechnologen** und fragwürdige Fernsehshows ersetzt, in denen meist mehr gebrüllt als gesprochen wird. Hier gilt eher das laute und nicht das gute Argument. Mit der *Intelligenzija*, der Sowjetunion und der Enttäuschung über die erste reale Demokratieerfahrung in den 1990er Jahren ist auch die Hoffnung auf eine bessere Zukunft immer weiter verblasst. In den 2010er Jahren gab es noch ein wenig durch den stetig steigenden Wohlstand unterstützte Zukunftshoffnung. Aber das ist vorbei. Präsident Putin hat darauf reagiert, indem er zunehmend unglaubwürdige Zukunftsversprechen durch das Feiern einer *glorreichen Vergangenheit* des russischen Staates ersetzt. So macht er aus Russland, zumindest vorerst, ein *Land ohne Zukunft*.

---

* *Polittechnologen* ist ein russischer Ausdruck für Spindoktoren als Manipulatoren von Politik und öffentlicher Meinung.

13. Gopniki. Von Jogginghosen und Schiebermützen

Anfang der 1990er Jahre war die Trainingshose, bevorzugt billiger Adidas-Fake aus chinesischer Produktion, plötzlich überall in Russland zu sehen. Dazu trugen meist kurzgeschorene junge Männer Blousons aus billigstem Kunstleder, Straßenschuhe und Schiebermützen. Karl Lagerfeld wäre auf der Stelle tot umgefallen. Die jungen Männer saßen oft in der Hocke im Kreis, ließen eine Flasche kreisen (in den 1990ern noch meist Wodka, später Billigbier aus Zweiliterplastikflaschen) und aßen Sonnenblumenkerne, die sie mit erstaunlichem Geschick mit den Zähnen aus ihren Schalen knackten. Wenn sie wieder verschwanden, blieben die ausgespuckten Sonnenblumenkernschalen als Zeugnis ihrer Anwesenheit auf dem Trottoir zurück.

Solche Szenen beherrschten bald das ganze Land. Sie waren (auch) ein Zeichen der neuen, der postsowjetischen Zeit. Die sowjetische Unterschicht, das russische Prekariat, *gopniki* genannt, nutzte die neue Freiheit so selbstverständlich wie alle anderen auch. Wichtig dabei ist: *Gopniki* ist keine Selbstbezeichnung, sondern eine Fremdzuschreibung. *Gopniki* bezeichnen sich selbst meist als *realnyje pazany*, was so viel wie *echte Gangster* bedeutet. Ein *pazan* ist in der russischen Gangstersprache ein Angehöriger der Diebesgesellschaft. Allerdings sind *gopniki* gerade keine Gangster, sondern, wie Anton Himmelspach auf Dekoder.org schreibt, stilisieren sich nur als solche, wie etwa die *Gangsta* in der US-amerikanischen Rap-Kultur.

Woher die Bezeichnung *gopniki* stammt, ist umstritten.

Die deutsche Wikipedia erklärt sie so: *Der abfällige Begriff Gopnik ... ist im russischen Jargon eine Bezeichnung für die Vertreter der kriminellen Jugend oder der Jugend mit kriminellem Verhalten, die oft keine Ausbildung hat und zu schwachen sozialen Schichten der Gesellschaft oder zum Prekariat gehört.* Wichtig an dieser Beschreibung ist vor allem die subkulturelle Herkunft aus dem kriminellen Milieu, das in Russland bis heute eine Gemeinschaft in der Gesellschaft bildet. Es spricht eine eigene Sprache und hat eigene sozialen Regeln, worauf ich im Kapitel *Diebe* näher eingehe.

Den semantischen Ursprung von *gopnik*, Einzahl von *gopniki*, vermuten viele in der russischen Verbrecherwelt des ausgehenden 19. und beginnenden 20. Jahrhunderts. Die populärste Version geht auf das berühmte russische Wörterbuch des dänisch-deutschstämmigen Linguisten *Wladimir Dal* zurück, das in der Mitte des 19. Jahrhunderts entstand. Bei *Dal* findet man das Wort *gop*, das Sprung oder Schlag bedeutet und wohl vom deutschen *hopp* abgeleitet wurde. Als *gop-stop* wird im Verbrecherjargon ein Überfall auf der Straße bezeichnet, meist unbewaffnet, maximal mit einem Messer, niemals aber mit einer Schusswaffe. Dabei wird das Opfer physisch bedroht, in erster Linie aber eingeschüchtert. Die Einschüchterung ist ein wichtiges, vielleicht sogar das entscheidende Element. Es geht den Tätern nicht nur, oft nicht einmal in erster Linie, darum, Gegenwehr zu vermeiden und so schneller und sicherer ans Ziel zu kommen. Vielmehr versuchen sie so ihre angebliche Überlegenheit zu demonstrieren und das eigene, eher schwach ausgebildete Selbstwertgefühl zu steigern. Eine mögliche Beute steht nicht im Vordergrund. Es geht vielmehr darum, Streit zu suchen, anderen oder anders Aussehenden Angst zu machen und sich an diesem Erfolg zu ergötzen. Opfer können Angehörige anderer Subkulturen sein, vorzugsweise solcher, die nicht in die mehrheitsgesellschaftlichen, obrigkeitsstaatlichen und patriarchalen Schemata davon passen, was ein *richtiger Mann* oder eine *wirkliche Frau* sein soll, wie sich eine echte Russin oder ein wahrer Russe zu verhalten hat. So spielt die in der russischen Gesellschaft weit verbreitete Homosexuellenfeindlichkeit auch unter *gopniki* eine herausragende Rolle. *Pedik* (umgangssprachlich-verkleinernd für *Päderast*, was als Schimpfwort für Homosexuelle verwendet wird) ist das vernichtendste Urteil, das ein *gopnik* aussprechen kann.

Eine etwas neuere Theorie besagt, dass der Begriff aus St. Petersburg kommt. Dort, im Nordwesten Russlands, an Newa und Finnischem Meerbusen, richteten die Behörden gegen Ende des 19. Jahrhunderts unweit des Moskauer Bahnhofs ein Wohnheim der *Staatlichen Gesellschaft für Aufsicht*, russisch *Gosudarstwennoje Obschtschestwo Prisora* oder abgekürzt *GOP*, ein. Die Bewohner wurden deshalb im Volk *GOPniki* genannt.

Es war eine Zeit rasanten industriellen Wachstums, der eine gewaltige innerrussische Migrationswelle aus den Dörfern in die Städte, vor allem natürlich nach St. Petersburg, dem damaligen industriellen Zentrum des Landes, zur Folge hatte. Auch viele elternlose Kinder strömten damals an die Newa. Nicht wenige von ihnen hielten sich mit kleinen Diebstählen oder anderen Gaunereien über Wasser. Da viele in dem *GOP-Wohnheim* am *Ligowskij Prospekt* Unterschlupf gefunden hatten, wandelte sich die Bedeutung des Worts *gopniki* im Volksmund schnell in *Gauner* oder *Kleinverbrecher*. Nach dem Ersten Weltkrieg und der Oktoberrevolution vergrößerte sich das Heer der obdachlosen Waisen ins Gigantische. Zwar machten die Behörden aus der *Staatlichen Aufsichtsgesellschaft* nach der Revolution 1917 ein *Staatliches Proletarierwohnheim*, das *Gosudarstwennoje Obschtschschitije Proletariata*, aber, ob nun bewusst oder zufällig, die Abkürzung blieb die Gleiche.

Obwohl in Russland die meisten Menschen sofort wissen, wovon die Rede ist, wenn der Begriff *gopniki* fällt, gehen die Meinungen darüber, worum und um wen es sich dabei handelt, auseinander. Versuchen wir also eine Annäherung. Da ist zuerst die Frage, ob es sich um ein Randgruppenphänomen handelt, wie beim deutschen *Prekariat* oder dem, was in den USA wenig liebevoll *white trash* genannt wird. Oder gibt es so viele *gopniki* (manche Soziologen sprechen von bis zu 50 Millionen, also einem guten Drittel aller in Russland lebenden Menschen), dass man eher von einem Mainstream sprechen muss? Zweite Frage: Sind *gopniki* Leute aus der Unterschicht ohne vernünftige Bildung und Ausbildung, weshalb sie oft in prekären wirtschaftlichen Verhältnissen leben? Oder stammen sie aus dem kleinkriminellen Milieu, worauf ihre Vorliebe zum Verbrecherjargon und der tabuisierten Schimpfsprache *mat* hinweisen könnten?

Gopniki neigen meiner Beobachtung nach zur offenen Ablehnung alles Fremden. Oft pflegen sie anti-intellektuelle Vorurteile. Allerdings ist es ihnen wichtig, dazuzugehören und sich anzupassen. *Gopniki* sind apolitisch oder antipolitisch. Sie sind ein soziales Phänomen, aber keine geschlossene gesellschaftliche Gruppe. Sie haben ähnliche soziale und kulturelle Vorlieben und legen ähnliche Verhaltensweisen an den Tag, bilden aber keine zusammenhängende Subkultur mit einem Gemeinschaftsbewusstsein.

Nachdem der Begriff *gopniki* in der Sowjetunion lange Zeit in Vergessenheit geraten war, erfuhr er mit dem Aufkommen einer anderen gesellschaftlichen Formation, den *neformaly* oder *Informellen*, eine Renaissance. *Neformaly* ist die Bezeichnung für eine Subkultur in der späten Sowjetunion, die alles zusammenfasste, was sich der gleichmachenden sowjetischen Soziokultur zu entziehen versuchte. *Neformaly* hörten Rockmusik, trugen Jeans und lehnten alles ab, was nach Sowjetunion aussah, sich wie Sowjetunion anhörte oder wie Sowjetunion roch. Aus ihrer Sicht waren *gopniki* die Angepassten, das Heer derjenigen, die am Straßenrand hockten, die Schalen von Sonnenblumenkernen herumspuckten und Sowjetschlager hörten. *Neformaly* galten als gebildet, *gopniki* meist nicht. Intellektueller Hochmut kennzeichnet deren Verhältnis bis heute.

Einig sind sich fast alle wieder darin, dass *gopniki* heute kein reines Unterschichtenphänomen mehr sind. Viele sind wirtschaftlich aufgestiegen und haben es in die Mittelschicht geschafft, einige sogar noch weiter nach oben. Auch unter den Neureichen gibt es *gopniki*. Das hat etwas mit den tiefgreifenden sozialen Veränderungen seit dem Ende der Sowjetunion zu tun. Die sowjetische Gesellschaft war zwar nicht so klassenlos, wie es die staatliche Ideologie behauptete, aber doch vergleichsweise homogen. Kaum jemand war wirklich reich. Fast alle waren auf ähnliche Weise arm. Insbesondere die Einkommensschere ist in den vergangenen 30 Jahren immer weiter aufgegangen. Nimmt man den Gini-Index zum Maßstab, mit dem die Vereinten Nationen wirtschaftliche und soziale Ungleichheit messen, dann ist Russland heute weltweit eines der Länder mit dem größten Unterschied zwischen Arm und Reich. Zwar hat gute Bildung vielen im neuen Russland geholfen, sozial aufzusteigen oder gar reich zu werden. Sie war aber nur ein Faktor unter vielen. Mindestens ebenso wichtig, vielleicht wichtiger waren Verbindungen in den Staatsapparat. Oft war bei der Neuaufteilung des gesellschaftlichen Vermögens, das in der Sowjetunion ja Staatsvermögen gewesen war, Korruption im Spiel. Aber auch persönliche Eigenschaften wie Entscheidungsfreude oder Rücksichtslosigkeit – wie in (radikalen) Umbruchzeiten üblich – spielten eine wichtige Rolle. Alle neu entstandenen sozialen Schichten in Russland sind, schaut man die Herkunft ihrer Angehörigen an, eine mehr oder weniger bunte Mischung. Neureiche verfügen zwar über großes Vermögen, aber ihr soziales Kapital, wie es der französische Soziologe Pierre Bourdieu nennt, unterscheidet sich. Es gibt Gebildete und Ungebildete, unter ihnen befinden sich Ingenieure, Handwerker, Arbeiter und Lehrerinnen. Und eben *gopniki*.

Nicht verwunderlich, dass sich für *gopniki* typisches Verhalten und ihre Sprache inzwischen auch in der Politik wiederfinden. Dabei haben sich die Kategorien *gopniki* und der sogenannte einfache Mann von der Straße in den vergangenen Jahrzehnten immer mehr angenähert. Interessanterweise kommen Frauen in der Diskussion über *gopniki* nur am Rande vor. Es gibt auch keine weibliche Form des Begriffs. Frauen gehören zwar auch dazu, werden aber in diesen Kreisen verächtlicherweise eher als Beiwerk gesehen.

Bei Wladimir Putin kann man eine deutliche Neigung beobachten, mit dem *gopniki*- oder Verbrecherjargon zu spielen, was dafür spricht, dass er sie für ein Massenphänomen hält. Mal verspricht er, *Terroristen auf dem Scheißhaus* kaltzumachen, mal nennt er junge Soldaten *pazany*, eine anerkennende Selbstbezeichnung im Verbrechermilieu. Nie ist so ganz klar, wo die Grenze des Spiels mit dem Anrüchigen und Verbotenen, im Volk aber Populären ist oder was ernst gemeint ist. Immer wieder kokettiert Putin mit seiner Jugend in den St. Petersburger Hinterhöfen, in denen sich nur durchsetzen konnte, wer die Gesetze dieses Männerdschungels beherrschte, und er lässt dabei keinen Zweifel daran, dass ihn das auf die Politik und insbesondere die internationalen Beziehungen ausgezeichnet vorbereitet habe.

Putin stützt sich zudem immer stärker auf ein Reservoir an Urteilen und Vorurteilen im Land, auf das Ressentiment weiter Bevölkerungsteile, das sich zu großen Teilen aus Minderwertigkeitsgefühlen speist und sich in Aggressionen gegen andere Bahn bricht. Dass der Appell an die niedrigen Instinkte im Menschen offenbar nicht nur bei den *gopniki* ankommt, zeigt sich am Erfolg Putins.

Auch andere russische Politiker verhalten sich – gegenüber der Ukraine, gegenüber dem Westen, gegenüber der Opposition im eigenen Land – fast genauso wie *gopniki* bei einem *gop-stop*, einem Straßenüberfall, ihren Opfern gegenüber: herausfordernd, hochfahrend, zynisch, unanständig grob. Noch einmal: Mindestens ebenso sehr wie um den Anlass (oder die Beute, was im Falle der Krim nicht nur im übertragenen Sinn stimmt) geht es darum, dass man doch gefälligst ernst genommen werden möchte. Gleichzeitig ist ihnen bewusst, dass sie den Maßstäben einer zivilisierten Welt nicht genügen, was zu einer tiefen Kränkung, einer Schande führt, die metaphorisch gesprochen (und manchmal auch ganz konkret) *nur mit Blut* getilgt werden kann.

Vergleichbar ist das alles mit der Haltung von jugendlichen Hooligans, die Streit mit einem zufällig Vorbeikommenden suchen, nicht nur um einer möglichen Beute willen, sondern wegen des zu erwartenden oder erhofften Gefühls, es diesen *Lackaffen*, diesen *Weichlingen*, endlich einmal gezeigt zu haben. Im Russischen gehört dazu unweigerlich die rhetorische Frage: *Ty menja ne uwaschajesch?* Achtest du mich etwa nicht?

Die so drangsalierte Person kann nur in einer Weise reagieren: selbstbewusst, ohne selbst herauszufordern. Das ist nicht so einfach. Niemand möchte von Rowdies, die sich meist in der Überzahl befinden oder zumindest das Überraschungsmoment auf ihrer Seite haben, gedemütigt oder verprügelt werden. Doch wer sich von einem *gopnik* einschüchtern lässt, macht die Situation nur noch schlimmer. Wer keine Selbstachtung zeigt (und sei sie auch nur eine Pose), genießt in der *gopnik*-Welt keine Achtung: Wer sich nicht wehrt, wird erniedrigt.

So ähnlich verhält es sich auch mit den aus westlicher Sicht oft unverantwortlichen oder unnötig provozierenden Äußerungen russischer Politiker vom Typ des damaligen stellvertretenden Ministerpräsidenten *Dmitrij Rogosin*, der 2014 per Twitter Rumänien damit drohte, *beim nächsten Mal* einen Atombomber vom Typ Tupolew 144 zu schicken, weil ihm nach einem Besuch in dem sich von Moldau losgesagten Transnistrien die Überfluggenehmigung verweigert worden war. *Rogosin* leitet heute die russische Raumfahrtagentur.

Von ähnlicher Qualität war auch die an einem Sonntag, zur besten Fernsehzeit zwischen acht und neun Uhr abends, von *Dmitri Kisseljow* ausgestoßene Drohung, Russland könne die USA *in radioaktive Asche* verwandeln. *Kisseljow* ist Generaldirektor der staatlichen Nachrichtenagentur *Rossija Sewodnia*, einem wichtigen Propagandaorgan des Kremls.

Solche Äußerungen sind immer Belastungsprobe und Selbstvergewisserung zugleich. Mit ihnen wird getestet, wie das jeweilige Gegenüber reagiert. Ängstlich? Zurückhaltend? Dann kann man nachlegen. Oder vielleicht standhaft? Dann ist es möglicherweise besser, einen Gang zurückzuschalten. Der russische Soziologe *Sergej Medwedjew* vermutet sogar, die gesamte russische Außenpolitik basiere auf dieser *gopnik*-Strategie: Erst einmal allen Angst einjagen und das dann ausnutzen. Der bekannte russische Karikaturist *Sergej Jolkin* zeichnete die russische Diplomatie entsprechend einmal als im Kreis hockender, Sonnenblumenkerne kauender *gopniki*. Eben deshalb ist es so wichtig, auf russische Zumutungen zumindest mit einem klaren *Halt, so nicht!* zu reagieren und nicht sofort gemeinsame Interessen zu betonen oder nach Kompromissen zu suchen, wie das in Deutschland viele machen. In Russland wird sich vor allem darüber lustig gemacht: über diese verweichlichten Deutschen, denen die Amerikaner das Kämpfen ausgetrieben haben. Vor einem Kompromiss muss es immer einen ernsthaften Kampf gegeben haben, am besten mit, bildlich gesprochen, blutigen Nasen auf allen Seiten. Ohne Kampf wird das Gegenüber als schwach eingeschätzt und bei der nächsten Gelegenheit erneut herausgefordert.

14. Silowiki. Die Machtmenschen

Silowiki ist ein umgangssprachlicher Begriff. Man findet ihn in keinem Gesetz. Er steht nicht in offiziellen Dokumenten. Das Phänomen, das er beschreibt, ist aber aus dem politischen und gesellschaftlichen Leben in Russland nicht mehr wegzudenken. *Sila* heißt übersetzt *Kraft, Stärke* oder, je nach Kontext, auch *Macht*. Die Silbe *wik* macht daraus eine Person. Das *i* am Ende drückt die Mehrzahl aus. *Silowiki* sind also, direkt übersetzt, Kraft- oder eben Machtmenschen – mit besonderer Macht ausgestattete Personen. Armee, Geheimdienst oder Polizei werden in Russland oft nicht als Institutionen mit bestimmten Aufgaben und Funktionen beschrieben, sondern als Subjekte des politischen Lebens mit konkreten, auch politischen Interessen. Zudem wird den *silowik*i meist ein gemeinsames Handeln zugeschrieben. Immer wieder kann man hören oder lesen, die *silowiki* wollten dies oder täten das oder reagierten so. Ähnlich, wie wenn man davon spricht, die *Wirtschaft*, die *Politik* oder die *Zivilgesellschaft* habe diese oder jene Eigenschaften oder Interessen.

Die meisten der 22 in diesem Buch vorgestellten Begriffe gibt es schon seit langer Zeit, was nicht verwundern sollte, da sie ja für ein tieferes Verständnis russischer Eigenheiten oder Seelenlagen ausgesucht wurden. Woher soll man bei allem, was neu ist, auch wissen, ob es bleibende Spuren hinterlässt? Es könnte sich ja auch um ein Übergangsphänomen ohne tieferen Sinn handeln. Der Begriff *silowiki* ist eine Ausnahme. Er fasst Ministerien und Behörden mit besonderen Machtbefugnissen zusammen. Fast alle sind militärisch oder paramilitärisch organisiert. Ihre Mitarbeiterinnen und Mitarbeiter haben militärische Ränge und tragen im Dienst oder zu besonderen Anlässen Uniform. Die meisten dieser Organisationen verfügen über bewaffnete Einheiten. In der einen oder anderen Weise haben sie alle etwas mit Sicherheitsfragen zu tun. Zu ihnen gehören das Militär, die Polizei, natürlich die Geheimdienste, aber auch die Justiz, der Katastrophenschutz und sogar einige dem Finanzministerium untergeordnete Aufsichtsbehörden. Je nach Definition werden bis zu 20 unterschiedliche Organisationen zu den *silowiki* gezählt.

Der Begriff *silowiki* tauchte erstmals Mitte der 1990er Jahre auf, nachdem Präsident Jelzin sich in seinem Machtkampf mit dem Parlament mit Hilfe der Armee und ihrer Panzer durchgesetzt hatte. Gewonnen hatte Jelzin, weil er es schaffte, zumindest einen Teil des Militärs davon zu überzeugen, er sei der legitime Machthaber, während im Parlament nicht legitimierte Aufständische säßen (obwohl das Parlament, wie Jelzin auch, demokratisch gewählt worden war, siehe hierzu das Kapitel *Demokratie*). Im September 1993, als sich der Machtkampf zwischen Präsident und Parlament immer weiter zuspitzte und Jelzin das Parlament mit einem Dekret aufzulösen versuchte, war längst nicht klar, ob er siegen würde. Es hätte auch anders kommen können. Es war ein Ergebnis dieser Unsicherheit, dass die kurze Zeit später verabschiedete Verfassung fast alle Macht über die *silowiki* dem Präsidenten übertrug. Vor allem Armee, Geheimdienste und Innenministerium unterstehen ihm seither direkt, während sich der Premierminister um wirtschaftliche und soziale Fragen, um Bildung, Infrastruktur und Gesundheit kümmern darf.

Die Frage nach der Loyalität bewaffneter Machtstrukturen ist kein exklusives Problem Russlands. Nicht umsonst legen in demokratischen Ländern Rekruten ihren Eid auf die jeweilige Verfassung ab, nicht aber auf ihre Oberbefehlshaberinnen oder Oberbefehlshaber persönlich. Noch aktueller ist ein Blick in die jüngste Geschichte der USA, einem Land mit langer demokratischer Tradition. Dort hielten es die Stabschefs der Streitkräfte Ende 2020, in der Zeit zwischen Wahl und Amtseinführung des neuen Präsidenten, für angebracht, öffentlich zu versichern, sie seien neutral und würden sich nicht in politische Angelegenheiten einmischen. Beide Beispiele zeigen, dass die Loyalität von Armee, Polizei und anderen bewaffneten Einheiten zu demokratischen Institutionen und nicht zu einzelnen Personen keine Selbstverständlichkeit, sondern etwas recht Voraussetzungsvolles ist. Es bedarf dabei nicht nur starker Institutionen, die voneinander unabhängig sind und sich gegenseitig kontrollieren, sondern auch einer ausreichenden Anzahl überzeugter Demokraten und Demokratinnen auf allen Seiten, die bereit sind, sich an die Regeln zu halten, selbst wenn ihnen zum Beispiel das Ergebnis einer demokratischen Wahl nicht passen sollte. Zu Beginn der 1990er Jahre existierte all das in Russland nicht. Die Institutionen waren alt und (deshalb) schwach oder neu und (noch) schwach. Armee, Geheimdienst und Polizei hatten bis vor kurzem einem diktatorischen Staat gedient, und kaum jemand hatte Erfahrung, wie Demokratie funktioniert oder gelebt wird.

Sowohl die Armee als auch das Innenministerium und die Geheimdienste, also all diejenigen, die etwa ab jener Zeit *silowiki* genannt wurden, waren durch den gewaltsam gelösten Machtkampf zwischen Jelzin und dem Parlament wieder wichtiger geworden. Der Ende 1994 beginnende erste Tschetschenienkrieg förderte diese Entwicklung weiter. All das war nach dem Untergang der Sowjetunion nicht vorherzusehen. Das Militär hatte nach dem Ende der Ost-West-Konfrontation und des Kalten Krieges an Bedeutung verloren. Geld fehlte ohnehin. Die russische Armee zog sich nach und nach aus fast allen Staaten westlich von Russland zurück. Den KGB, dessen Chef *Wladimir Krytschkow* am Putschversuch gegen Sowjetpräsident Michail Gorbatschow im August 1991 beteiligt gewesen war, hatte Jelzin im selben Jahr vorsichtshalber in mehrere Geheimdienste aufgespalten, um dessen Macht zu begrenzen und ihn besser kontrollieren zu können. Seine Hauptaufgabe, die Kontrolle der Bevölkerung im Inneren, schien im neuen, nun demokratischen Russland ohnehin obsolet. Die neue Rolle, den Schutz einer demokratischen Verfassung, traute Jelzin ihm offensichtlich nicht zu.

In der Sowjetunion-Forschung wird mitunter darüber gestritten, ob der KGB ein *Staat im Staate* gewesen sei. Oft wird die Frage mit dem Hinweis verneint, dass die großen, die letztendlich gültigen Entscheidungen in den Führungsorganen der Kommunistischen Partei getroffen wurden. Das stimmt zwar, aber fraglos waren der KGB und seine Führung sehr mächtig, und auch die Staats- und Parteiführung hatte stets mit ihnen zu rechnen. Mit *Jurij Andropow* wurde nach Leonid Breschnjews Tod 1982 sogar der bisherige KGB-Chef Parteichef. Doch mit der Perestroika setzte auch der Machtverlust des Geheimdienstes ein. Schnell fürchtete sich kaum noch jemand vor seinen zuvor fast allmächtigen Agenten. Gorbatschow hatte Perestroika und Glasnost, Umbau und Offenheit, ausgerufen und alle politischen Gefangenen freigelassen. Ohne die Deckung der Staatsführung wagten die

Geheimdienstler bald nicht mehr, gegen die Menschen vorzugehen.

Je weniger der Staat allerdings in der zweiten Hälfte der 1990er Jahre unter Präsident Jelzin in der Lage oder willens war, seinen Aufgaben nachzukommen, je schlechter die wirtschaftliche Lage wurde, je mehr Verbrechen es gab, je weniger Russland im Ausland ge- und beachtet wurde, umso mehr erschienen Geheimdienst und Armee den Menschen als letzte Rettungsanker. Dieser (Wieder-)Aufstieg war allerdings keine geplante oder gar konzertierte Aktion. Dazu waren der Geheimdienst zu geschwächt und die Armeegeneräle politisch zu abstinent. Er geschah eher hinter dem Rücken der nun *silowiki* genannten Akteure. Der ehemalige KGB, seit Mitte der 1990er Jahre FSB, *Föderaler Sicherheitsdienst*, genannt, hatte sein großes Budget und eine Menge Mitarbeiter verloren. Viele ehemalige Agenten arbeiteten nun für mal seriöse, mal dubiose private Sicherheitsdienste oder waren bei neureichen Oligarchen untergekommen. Die immer noch aufgeblähte, aber gleichzeitig chronisch unterfinanzierte Armee leckte sich nach der katastrophalen Niederlage in Tschetschenien ihre Wunden. Teile der Polizei waren mitunter schwer von den Verbrechern zu unterscheiden, die sie eigentlich jagen sollten. Nur das Katastrophenschutzministerium unter dem späteren Verteidigungsminister *Sergej Schojgu* hatte viel zu tun *und* einen guten Leumund.

All dies macht den Aufstieg der *silowiki* unter Präsident Putin zu so etwas wie den *Rettern des Vaterlandes* umso erstaunlicher. Ich möchte vier Faktoren hervorheben, die dabei eine wichtige Rolle gespielt haben. Als erster ist Wladimir Putin selbst zu nennen. Sein Aufstieg ist ohne den Gegensatz zwischen ihm und seinem Vorgänger Boris Jelzin nicht erklärbar. Ein alter, kranker, ganz offensichtlich verbrauchter und kaum mehr amtsfähiger Präsident wurde durch einen jungen, dynamischen, sportlichen und überaus tatkräftigen Nachfolger ersetzt. Zudem hatte Putin Fortune. Die Wirtschaft hatte sich schon vor seinem Amtsantritt zu erholen begonnen und wuchs in seinen ersten zwei Amtszeiten rasant, vor allem dank schnell steigender Preise für Öl, Gas und viele andere Rohstoffe. Diese Entwicklung hat Putin darin unterstützt, den Staat wieder handlungsfähig zu machen. Nicht zuletzt aber tilgte er mit einem zweiten, unerbittlich und diesmal siegreich geführten Krieg in Tschetschenien in den Augen vieler Menschen die *Schmach* der Niederlage gegen die Rebellen im ersten Krieg und bewahrte, so die überwiegende Sichtweise, Russland vor weiterem Zerfall. Putin setzte dabei auf die *silowiki*. Er kam selbst aus dem KGB und war es gewohnt, Politik in erster Linie unter Sicherheitsaspekten zu betrachten. Diese Präferenz zeigte sich in seinen Antworten auf fast jede ernsthafte Krise seit seinem Amtsantritt. Er nutzte die Situationen systematisch, um seine Macht zu konsolidieren, und gab den *silowiki* (die unter seinem direkten Befehl stehen) immer mehr Befugnisse. Er schaffte zum Beispiel die Wahl der regionalen Gouverneure ab, schuf mit dem *Staatlichen Ermittlungskomitee* eine Art russisches FBI und vereinigte fast alle Geheimdienste, mit Ausnahme der Auslandsaufklärung, wieder unter dem Dach des KGB-Nachfolgers FSB.

Der zweite Faktor war die Hoffnung, die auch in Russland zuletzt stirbt. Die neue, *liberal* genannte politische Elite hatte das Land nach Meinung einer großen Mehrheit in den 1990er Jahren an die Wand gefahren. Die Marktwirtschaft hatte, so sahen es die Leute, zwar die Regale der Geschäfte gefüllt, sich aber ansonsten vor allem als Produzent von Armut und Ungleichheit hervorgetan. Der Westen hatte aus ihrer Sicht die Anfang der 1990er Jahre phantastisch großen Hoffnungen nicht erfüllt (siehe Kapitel *Europa*). Aber auch die Kommunisten wollten die meisten Menschen nicht zurück. Was blieb, war eine rational-irrationale Hoffnung auf den Staat und sein vermeintliches Rückgrat: Armee, Geheimdienste und, wenn auch weniger, Polizei (mehr zu diesem dialektischen Verhältnis von Volk und Staat im Kapitel *Wlast*).

An dieser Stelle kommt der dritte Faktor ins Spiel, der Mythos von der *Offiziersehre*. Offiziere gelten vielen Menschen in Russland bis heute als besonders vertrauenswürdig. Das mag angesichts der jüngeren Geschichte der Sowjetunion mit ihrem militarisierten Repressionsapparat überraschen. Doch auch hier hinterließ die ständige Propaganda über die Helden, die das Vaterland an vielen Fronten schützten, tiefere Spuren, als vielleicht auf den ersten Blick zu erwarten wäre. Offizieren wird in Russland oft unterstellt, über den (politischen) Dingen zu stehen und in erster Linie dem Staat verpflichtet zu sein. Weit verbreitete romantische Bilder von kämpfenden Husaren und sich duellierenden Ehrenmännern mögen ebenfalls eine Rolle spielen. Ausnahmen gelten auch hier meist als Bestätigung der Regel. Angesichts der Tiefe der Krise und der Größe der Not wurden Uniformträger gegen jede Erfahrung und oft wider besseren Wissens erneut zu einem Hoffnungsanker. Und Uniformträger und Uniformträgerinnen gibt es viele. Polizei, Justiz, Katastrophenschutz, Diplomatie, sie alle haben militärische Ränge und Uniformen.

Der vierte und letzte Faktor waren die sogenannten Oligarchen. Eine ziemlich kleine Gruppe von Männern hatte es in den 1990er Jahren dank enger Verbindungen zum Kreml geschafft, einen großen Teil des gesellschaftlichen Reichtums, vor allem die Öl- und Gasvorkommen, zu privatisieren. In der zweiten Hälfte des Jahrzehnts gelangten diese Männer noch näher an die Schalthebel der Macht, als einige von ihnen Posten in der Präsidentenadministration einnahmen. Der bekannteste war *Boris Beresowskij*, einer der damals reichsten Männer Russlands, der nach Boris Jelzins Wiederwahl 1996 als stellvertretender Chef der Präsidentenadministration viele politische Fäden zog. Das war der Preis, den der damalige Präsident Jelzin für ihre Unterstützung bei seiner Wiederwahl 1996 zahlte, ohne die er wahrscheinlich seinem Widersacher, dem Kommunistenchef *Gennadij Sjuganow*, unterlegen wäre. Der Reichtum der Oligarchen wurde (und wird) von einer großen Mehrheit als illegitim empfunden. Ihr Einfluss auf die Staatsgeschäfte hielten immer mehr Menschen für eine, wenn nicht gar *die* Hauptursache der Krise. Putin versprach, die enge Verflechtung von Kapital und Politik zu beenden und dem Staat wieder Vorrang zu verschaffen. Für immer mehr Menschen schienen die *silowiki* die einzige machtpolitisch relevante Gruppe im Land zu sein, die mit dieser Aufgabe fertig werden konnte.

Sie bildeten die Basis, von der aus Putin seine Macht ausbaute und sicherte. Viele derjenigen, die jetzt in hohe Positionen aufrückten, waren Weggefährten oder alte Bekannte und Freunde Putins. Aber der Präsident stützte sich nicht nur auf sie. Vor allem am Anfang achtete er auf ein Gleichgewicht von *grünen Lappen und grünen Männchen*, wie das nach der Krim-Annexion der St. Petersburger Politologe *Wladimir Gelman* prägnant zusammenfasste. Die *grünen Lappen,* also der US-Dollar, waren meist als *Liberale* bezeichnete Wirtschaftsfachleute, die das Geld verdienen sollten, das dann die *grünen Männchen*, also die *silowiki*, zum Machterhalt ausgeben durften. *Liberal* waren viele dieser Wirtschaftsexperten nur in einem wirtschaftlichen Sinn. Sie unterstützten den unter Putin immer autoritärer werdenden Staat, wenn auch manche in der Hoffnung, dass sich mit steigendem Wohlstand irgendwann auch demokratischere Strukturen durchsetzen würden.

In der ersten Dekade des neuen Jahrtausends blieb dieses Machtverhältnis einigermaßen im Gleichgewicht, wenn es sich auch schon damals ganz allmählich und wie selbstverständlich unter Putins Oberaufsicht zugunsten der *silowiki* zu verändern begann. Nach der Weltfinanzkrise 2008/2009 und endgültig seit der Krim-Annexion 2014 haben die Wirtschaftsfachleute in Machtfragen kaum mehr etwas zu sagen. Putin hat Russland erneut zu einem Sicherheitsstaat umgebaut. Dabei darf man sich die *silowiki* um ihn herum nicht als einen monolithischen Block vorstellen. Eher bestehen sie aus einer ganzen Reihe von Gruppen und Seilschaften, die innerhalb des Systems um Ressourcen und Einfluss konkurrieren. In der politischen Debatte ist deshalb oft davon die Rede, dass *der Kreml viele Türme habe.* Viele *silowiki* könnte man heute mit mehr Recht Oligarchen nennen als die ursprünglich so genannten neureichen Unternehmer der 1990er Jahre. Sie haben sowohl politische als auch wirtschaftliche Macht und besitzen bedeutende Vermögen. Auch die Vorstellung aus den 2000er Jahren, im politischen System Russlands finde ein Kampf zwischen liberalen oder zumindest liberaleren, eher demokratisch-weltoffen gesinnten Wirtschaftsfachleuten auf der einen und national-konservativen *silowiki* mit starken autoritären Tendenzen auf der anderen Seite statt, führt in die Irre. Die Türme des Kremls sind eher Allianzen zwischen Wirtschaftsleuten und *silowiki*. Kaum verwunderlich, sind doch auch die Wirtschaftsleute am Machterhalt interessiert, während den *silowiki* wiederum das Geld beileibe nicht gleichgültig ist.

Diese von Putin austarierte Balance funktionierte ausreichend gut, seine Macht zu sichern und für Ausgleich innerhalb der Machtstrukturen zu sorgen, solange die Öl- und Gaseinnahmen sprudelten. Seit der Weltfinanzkrise 2008/2009 hat sich die russische Wirtschaft aber nicht wieder erholt. Putin stützt sich seither immer stärker auf die *silowiki* und ihre Methoden und Stärken: Kontrolle, Verbote und (politische) Repressionen. Die Wirtschaft wieder in Gang zu bringen gehört eher nicht dazu. Russland ist vorerst, wieder einmal, ein Staat, in dem *silowiki* den Ton angeben. Die vorigen beiden Male, im zaristischen Russland vor 1917 und in der Sowjetunion, endete das, freilich nach recht langem Siechen, in Revolutionen, auf die eine jeweils tiefe Krise der russischen Staatlichkeit folgte. Ob sich diese Geschichte wiederholt, bleibt abzuwarten.

15. Swoj-tschuschoj.
Wir und die anderen

Wenn es klingelt, öffnen die wenigsten Menschen in Russland sofort die Wohnungstür. Nicht umsonst haben diese mindestens zwei, oft aber sogar drei oder vier Schlösser und sind meist aus Stahl. Wer weiß schon, wer da vor der Tür steht. Wenn auch der Blick durch den meist ziemlich blinden Spion keine Aufklärung bringt, kommt unweigerlich die Frage *kto tam*, wer ist da? Antwortet eine bekannte Stimme *swoi*, kann die Tür gefahrlos geöffnet und der Gast empfangen werden. Nun habe ich nicht einfach vergessen, *swoi* zu übersetzen, denn: Ich kann es nicht. Jedenfalls nicht in dieser Bedeutung. Die Einzahl *swoj* ist erst einmal ein ganz normales Possessivpronomen und kann, je nach Kontext, mein, unser, euer oder ihr bedeuten. Auch sein und dein ist möglich. Die Person vor der Tür aber meint etwas anderes. Sie lässt wissen, dass dort kein Unbekannter steht, sondern *einer* oder *eine von uns*. Es gibt die Phrase auch länger: *swoj tschelowek*, also etwa *unser Mensch*. Es ist durchaus üblich, anstelle von *Landsmann* oder *Landsfrau* ebenfalls *swoj* zu sagen, was dann die Bedeutung von *inländisch* annimmt. Meine russische Adelung besteht darin, wenn ich mitunter als *swoj tschelowek* (wörtlich: unser Mensch) vorgestellt werde, was so viel heißt wie: Der kennt sich aus. Er ist (fast) einer von uns. Aber auch: Ihr könnt ihm vertrauen.

Das Gegenteil von *swoj* ist *tschuschoj*. *Tschuschoj* ist einfach zu übersetzen. Es bedeutet schlicht fremd. Der russische Regisseur *Nikita Michalkow* machte aus diesem Gegensatzpaar einst ein Wortspiel und den Titel seines Erstlingsfilms aus dem Jahr 1974: *Swoj sredi tschuschich, tschuschoj sredi swoich*, was ohne die Schönheit und Eleganz des Originals übersetzt bedeutet: *Unser unter Fremden, fremd unter Unsrigen*. Der Film ist eine Parabel über Freundschaft und Verrat, über (Wahl-)-Verwandtschaft und Entfremdung und spielt in der frühen Sowjetunion. Das waren wirre Zeiten. Staat und Gesellschaft mussten sich komplett neu sortieren. Allerdings wird die Frage von Vertrauen und Misstrauen, von Loyalität und Verrat in Russland auch heute noch mit meist größerer Ernsthaftigkeit und auch häufiger gestellt als in den saturierten Gesellschaften des Westens. Je unsicherer und instabiler die alltägliche Wirklichkeit ist, ob nun tatsächlich oder eingebildet, umso mehr verlassen sich Menschen auf einen kleinen Kreis von Angehörigen (vorzugsweise, aber nicht unbedingt leibliche Verwandte). Die überwiegende russische Erfahrung der vergangenen gut hundert Jahre ist schlicht, dass unsichere Zeiten wahrscheinlicher sind als sichere. Der Erste Weltkrieg endete mit der Oktoberrevolution und dem anschließenden Bürgerkrieg. Für die nächsten 30 Jahre war Staatsterror ein ständiger Begleiter aller, weniger unterbrochen als verstärkt durch die Hungersnöte Anfang der 1930er Jahre und den Horror des Zweiten Weltkriegs. Zwar wurde es dann etwas ruhiger, und die oft als Stagnation beschriebenen 1970er Jahre werden heute von vielen als die glücklichste, weil stabilste Zeit im 20. Jahrhundert betrachtet. Doch dann brach die zuvor ewig erscheinende Sowjetunion zusammen, und die Menschen waren erneut auf sich allein gestellt.

Hinzu kommt das komplizierte und von gegenseitigem Misstrauen geprägte Verhältnis von Staat und Volk. Einerseits können die Menschen sich auf ihren Staat nicht wirklich verlassen, andererseits traute die in der langen russischen Geschichte meist autoritäre Obrigkeit oft den eigenen Bürgerinnen und Bürgern nicht über den Weg. Sie setzt die Unterscheidung in *Unsrige* und Fremde, in Loyale und Illoyale, in Freunde und Verräter noch heute zum Machterhalt ein. Dass seit einigen Jahren Oppositionelle oder Menschen, die der Staat für solche hält, (wieder) als *ausländische Agenten* gebrandmarkt werden, ist nur der neueste Ausdruck dieses Misstrauens. Der Vaterlandsverrat im Strafgesetzbuch ist inzwischen (ebenfalls wieder) so weit gefasst, dass praktisch jede und jeder jederzeit als Verräter verurteilt werden kann.

Dieser generelle und permanente Mangel an Vertrauen zwischen (Staats-)Macht und Volk ist so prägend und allgegenwärtig, dass ich darauf gleich in mehreren Kapiteln, darunter *Wlast*, *Zone* und *Sagraniza*, zu sprechen kommen muss. Hier nun soll es vor allem um die im Vergleich zu anderen Gesellschaften schärfere Trennung von Innen und Außen im Leben der Menschen gehen. Wer schon einmal in einem durchschnittlichen russischen Wohnhaus in einer beliebigen größeren Stadt war, wird sicherlich bemerkt haben, wie groß der Unterschied zwischen dem Treppenhaus und den Wohnungen oft ist. Die Wohnungen sind meist akkurat, sauber und gepflegt. Sie werden liebevoll ausgestattet; es wird repariert, wenn etwas kaputtgeht, selbst wenn Geld und, wie oft zu Sowjetzeiten, Material knapp sind. Das Treppenhaus hingegen gleicht mitunter einem verwahrlosten Niemandsland. Zigarettenkippen liegen auf dem Boden, inmitten heruntergefallenem Müll, Spuckresten und Hundekot. Kaum jemand fühlt sich für den Gemeinschaftsbereich verantwortlich. Viele huschen schnell und grußlos durch diese so seltsam unheimliche Zwischenwelt.

Inzwischen sind im heutigen Russland fast alle Wohnungen Privateigentum. In Moskau zum Beispiel leben heute 90 Prozent der Menschen in Eigentumswohnungen und nur 10 Prozent zur Miete. Entsprechend hat sich die Lage in den Treppenhäusern etwas verbessert. Dreck und Verwahrlosung oder Sauberkeit sind ja immer auch eine Frage von Armut oder Wohlstand. Russland ist über die vergangenen 20 Jahre, zumindest in den großen Städten, zweifellos reicher geworden. Aber Eigentum sind in den allermeisten Fällen nur die Wohnungen, nicht das Treppenhaus und oft auch nicht der Grund und Boden, auf dem das Haus steht. Die Klingeln an russischen Wohnungen tragen, bis auf wenige Ausnahmen, wie z. B. manche *kommunalkas* (siehe Kapitel *Kommunalka*), keine Namen. Da alle Wohnung durchnummeriert sind, ziert nur eine Nummer die Briefkästen. Es ist, als gelte es noch immer, die beiden Welten des Innen und des Außen streng zu trennen.

Viele Menschen, die nach Russland kommen, schwärmen von der russischen Gastfreundschaft und Wärme. Ich auch. Aber um beide erleben zu dürfen, muss man entweder ein sehr fremder Gast sein, von dem angenommen wird, dass er bald wieder geht. Oder aber man muss lange hier leben, Freundschaften geschlossen und vielleicht Verwandte gewonnen haben. Denn das russische öffentliche Leben ist abweisender und verschlossener als im Westen. In der Öffentlichkeit findet man wenige lächelnde oder einfach nur freundliche Menschen. Augenkontakte bleiben selten. Wenn man es dennoch versucht, wendet sich der getroffene Blick meist schnell nach unten. Der Unterschied zwischen Innen und Außen mag nicht mehr so fundamental sein wie noch vor zwei, drei Jahrzehnten, aber er ist weiter groß.

Eine Verkäuferin zum Lächeln zu bringen, ist daher eine hohe Kunst. In der Zeit der Knappheit, auch Sowjetunion genannt, war die Unfreundlichkeit der Herrscherinnen über die wenigen Waren berüchtigt. Da es weit weniger Produkte als Geld gab, besaßen Verkäuferinnen und Verkäufer die Macht im Laden, Käuferinnen und Käufer dagegen blieben ohnmächtig. Im nun kapitalistischen Russland sollte sich dieses Machtgefälle eigentlich umgekehrt haben, denn längst ist es wie überall auf der Welt (mit Ausnahme von Nordkorea und Kuba): Es gibt weit mehr Waren, als die potenziellen Käuferinnen und Käufer bezahlen könnten. Es hat sich aber nichts geändert. Dafür, so scheint es mir, sind nun auch die Kundinnen und Kunden unfreundlich. Ein Lächeln oder eine freundliche Geste in der Öffentlichkeit – wie zum Beispiel die schwere Schwingtür am Metroeingang so lange aufzuhalten, bis sie keine ernste Gefahr mehr für die Gesundheit der Nächsten darstellt – scheint schon zu viel Öffnung gegenüber einer instinktiv als gefährlich und feindlich empfundenen Umwelt zu sein. Natürlich zeichne ich hier, der Deutlichkeit zuliebe, ein grobes, etwas vereinheitlichendes Bild. Es gibt Bereiche, in denen sich alte Verhaltensweisen stärker gehalten haben, wie in vielen Lebensmittelläden, und andere, in denen sich eine globalisierte Freundlichkeit langsam durchsetzt, wie in modernen Einkaufszentren, Fitnessclubs und Computerläden. Den Höhepunkt aller Änderungen findet man allerdings auf den Straßen. Russische Autofahrer halten inzwischen vor Zebrastreifen an! Unwillig und meist erst dann, wenn die Fußgänger deutlich gemacht haben, von ihrem Vorrecht, die Straße zu überqueren, Gebrauch machen zu wollen. Aber immerhin. Erheblich erhöhte Strafen bei Nichtbeachtung der Verkehrsregeln und allgegenwärtige Überwachungskameras haben sehr zu dieser Verhaltensänderung beigetragen.

Viele dieser Beispiele verweisen auf ein direktes Erbe der Sowjetunion, in der nominal allen alles gehörte, in Wirklichkeit aber niemandem. Verantwortlich für das allgemeine Gut war der Staat, der dieser Verantwortung sehr unzuverlässig und selektiv nachkam. Ein weiterer Grund für eine scharfe Trennung von Innen und Außen liegt in der Vereinzelung der Menschen während der langen, 70 Jahre währenden Diktatur. Zwar wurde allenthalben Gemeinschaft gepredigt, aber nur die vom Staat zugelassene und kontrollierte war öffentlich zulässig. Diesem Außen wiederum war nicht zu trauen. Es war, wie der diktatorische Staat, unberechenbar und willkürlich. Außerhalb der eigenen Wohnung, außerhalb des Freundes- oder Verwandtenkreises, außerhalb der vertrauten Kollegenrunde war feindliches Gebiet. Wer sich nicht wappnete, lief Gefahr, darin umzukommen. Umso wichtiger war es, sich des Inneren, der eigenen Leute, derjenigen, die *swoi*, sind zu vergewissern. Innen herrschten (und herrschen noch heute) die Wärme und auch die Gastfreundschaft, die vielen Fremden in Russland so positiv auffällt.

Die Sowjetunion hat die russische Gesellschaft mehrfach durcheinandergewirbelt. Ganze Bevölkerungsschichten wurden in der ersten Hälfte ihrer Existenz außer Landes getrieben, in Lager gesperrt oder umgebracht. Es war das bewusste Ziel, bürgerliche Traditionen und den Glauben, wie es hieß, zu überwinden und die persönliche Loyalität auf den sowjetischen Staat zu übertragen. Das betraf auch die Familien und blieb nicht ohne Folgen. Besonders in den Städten lösten sich die Großfamilien auf und machten Zweigenerationenfamilien Platz. Eine dem Westen ähnliche Entwicklung.

Während die Berufstätigkeit die Frauen unabhängiger werden ließ, wurden die Männer unverantwortlicher (denn der Staat kümmerte sich ja um alles). Trotzdem sind auch heute noch Verwandtschaftsverhältnisse in Russland wichtiger, verbindlicher und oft auch verpflichtender als in den meisten westlichen Ländern. Zur Illustration mag hier das Wort *brat*, Bruder, dienen. So werden nicht nur leibliche Brüder bezeichnet, sondern auch Cousins zweiten, dritten und mitunter vierten Grades – was, ein wenig polemisch gesprochen, fast die gesamte männliche Bevölkerung zu Brüdern macht (eine analoge Nutzung des Wortes *sestra* / Schwester gibt es übrigens nicht). Ist der leibliche Bruder gemeint, muss das durch das Adjektiv *rodnoj*, leiblich, betont werden. Im Deutschen heute altbacken bis herablassend klingende Anreden wie *Batuschka* / Väterchen oder *Matuschka* / Mütterchen für ältere Personen haben im Russischen ihren respektvollen Klang weitgehend erhalten. Sie können aber, je nach Kontext, auch ein Unterordnungsverhältnis beschreiben.

Seit einiger Zeit gibt es übrigens einen öffentlichen Ort, an dem all die in diesem Kapitel beschriebenen Gewohnheiten und Gesetzmäßigkeiten nicht zu gelten scheinen oder zumindest stark abgemildert wirken: die sozialen Netzwerke des Internets. Obwohl das gleichmachende *Du* seinen Weg in die russischsprachige Welt des Internets noch kaum gefunden hat, gelten in der virtuellen Öffentlichkeit andere, man könnte sagen, *modernere* Regeln. In der Welt der Smileys und Emojis lässt sich die sonst übliche Distanziertheit offenbar nicht mehr einhalten. Aber vielleicht ermöglichen auch nur der virtuelle Kontakt und das fehlende Gefühl physischer Fragilität und Bedrohung diese Öffnung. Sie erzeugen offenbar den Eindruck von schützender Anonymität, auch wenn sich diese immer wieder als trügerisch herausstellt. Die sozialen Netzwerke mit ihrer sorgsam gehegten Illusion, man sei unter Freunden oder ehemaligen Klassenkameraden (*odnoklassniki*, so heißt das zweitgrößte soziale Netzwerk in Russland, hinter *vKontake, im Kontakt,* noch vor Facebook, Twitter und Co.), verführen die Menschen dazu anzunehmen, es handele sich dabei um einen intimen, geschützten Raum und eben nicht um eine ungeschützte Öffentlichkeit.

Zu guter Letzt: Fraglos ist das Internet auch in Russland ein Ort, an dem eher jugendliche oder zumindest jüngere Menschen eigene Verhaltensweisen als Norm durchsetzen. Sie bauen offenbar weniger auf die in autoritären Umgebungen oft vorherrschende Vorsicht und Angst und verkleinern damit den Unterschied von Innen und Außen. Das ist ein vorsichtiges Hoffnungszeichen für Russland.

16. Diebe im und außerhalb des Gesetzes

Im Sommer 2016 verhandelte das Landgericht Lüneburg einen ungewöhnlichen Fall, der auch die überregionale Presse interessierte. Es ging um eine russisch-georgische Mafiabande, die vor Gericht und dann auch in den Medien *Diebe im Gesetz* genannt wurde. Die sogenannten Diebe und ihre Kollegen in Russland, so sie die deutsche Presse überhaupt zur Kenntnis nehmen, dürften sich ausgezeichnet amüsiert haben. Vielleicht fühlten sich einige aber auch geschmeichelt. Denn *Dieb im Gesetz* ist nicht der Name einer Bande, sondern eine Gattungsbezeichnung. Eine Art *diebischer* Dienstgrad, ein sehr hoher. Der höchste.

Nun will ich die Arbeit von Gericht, Staatsanwälten und Journalisten nicht schlechtreden. Es ist nicht leicht, sich in der russischen Verbrecherwelt und ihrem Jargon zurechtzufinden. Die Tradition der von der übrigen Gesellschaft abgesondert und nach eigenen Regeln lebenden Verbrechergesellschaften reicht weit bis ins zaristische Russland zurück. Zu voller Blüte kamen sie aber in den sowjetischen Straflagern des *Gulags*.

Ein Dieb war (und ist es mitunter heute noch), wer jenseits der Gesellschaft als Verbrecher lebte. Der Begriff bezeichnet eine Tätigkeit ebenso wie er die Zugehörigkeit zu einer kriminellen Parallelgesellschaft etikettiert. Ursprünglich waren das tatsächlich einmal Diebe im wörtlichen Sinne. Doch mit der Zeit gesellten sich auch andere Gauner wie Betrüger, Räuber oder Einbrecher hinzu. Die Diebesgesellschaft einte die Missachtung, ja die Verachtung gegenüber der erst russischen, dann sowjetischen Gesellschaft, und sie entwickelte einen Kodex mit eigenen Gesetzen. Dieser Kodex wird *ponjatija* genannt (die Mehrzahl des russischen Wortes für *Begriff* oder *Vorstellung*). Diebe mussten nach *den Begriffen leben*, auf Russisch: *schit po ponjatijam*, nicht nach Gesetzen. An der Spitze der Diebesgesellschaft standen die *Diebe im Gesetz*, eine kleine Gruppe von Dieben mit besonderer Autorität. Das wichtigste Rekrutierungsreservoir dieser Verbrechergesellschaft waren die Millionen Waisen, die Welt- und Bürgerkrieg Anfang der 1920er Jahre zurückgelassen hatten.

Nun werden alle Gesellschaften durch ungeschriebene Regeln zusammengehalten. Sie machen das Zusammenleben erst möglich und, in vielen Fällen, erträglich. Sie regeln das Private, die Umgangsformen und bestimmen einen moralischen Kompass, also all das, was durch Gesetze nicht geregelt wird und besser auch nicht geregelt werden sollte. Im besten Fall kommen sich kodifiziertes Recht und informelle Regeln nicht oder nur selten in die Quere. Geschieht es trotzdem, gelten die Gesetze. Das mag nicht immer gerecht sein, ist aber notwendig, damit Rechtsstaaten funktionieren können. Mit den *ponjatija* verhält es sich anders. Sie ergänzen die Gesetze nicht, sind nicht (nur) gesellschaftlicher Kitt, sondern sie ersetzen diese. Zumindest für die Diebe, für die mit dem Gesetz in Konflikt zu kommen immer (auch) eine Frage der Ehre ist.

Es gibt nicht viele Quellen, die belegen können, wie die Diebesgesellschaft entstanden ist. Auch ihre spätere Blütezeit im *Gulag* in der die Zeit nach Stalins Tod ist nur spärlich dokumentiert. Es ist ja eines der herausragenden Merkmale von Geheimgesellschaften, möglichst im Verborgenen zu bleiben. Ein großer Teil des Diebeslebens spielte sich im

Straflager ab, Berufsrisiko sozusagen. Deshalb wissen wir das meiste von politischen Gefangenen, die den Dieben in den Straflagern wohl am nächsten kamen. Die Dissidenten berichten vor allem von deren Brutalität und Gnadenlosigkeit. Die *Politischen* waren ihnen im Lager fast schutzlos ausgeliefert. *Jewgenija Ginsburg* schreibt in ihren berühmten *Gulag*-Erinnerungen, die als *Marschroute eines Lebens* auf Deutsch erschienen sind, ausführlich von der *unmenschlichen Gewalt* allen *Nicht-Dieben* gegenüber. Sogar die Wachmannschaften hätten sie so gefürchtet, dass sie in vielen Straflagern, im Gegensatz zu allen anderen, nicht arbeiten mussten. Etwas, wovon die für Alltagsvergehen verurteilten *bytowiki* (von *byt*, Alltag), ebenso wie die *58er*, die politischen Gefangenen, nur träumen konnten. Die Bezeichnung *58er* erhielten sie nach dem berüchtigten Strafrechtsparagraphen 58, der *antisowjetische Tätigkeit und Propaganda* sanktionierte.

Die *Diebe im Gesetz* lassen sich vielleicht am ehesten als ein Verfassungs- oder Schiedsgericht beschreiben. Sie wachten in letzter Instanz über die Einhaltung der *ponjatija* und bildeten ein *oberstes Strafgericht*. Alle echten Diebe, also jene, die in die Diebesgemeinschaft aufgenommen worden waren und *po ponjatijam* lebten, waren verpflichtet, die Entscheidungen der *Diebe im Gesetz* umzusetzen. Immer galt der (auch von der Mafia und anderen Geheimbünden bekannte) Grundsatz *einmal Dieb, immer Dieb*. Ein Austritt aus der Diebesgemeinschaft war nicht möglich.

Nach dem Ende der Sowjetunion zerfiel diese Struktur recht schnell. Die Öffnung des Landes und die neue Freiheit für die Menschen machten der klandestinen Diebesgesellschaft den Garaus. Die Autorität der verbliebenen *Diebe im Gesetz* existierte zwar persönlich weiter, solange sie am

Leben waren, aber nicht mehr institutionell. Heute gibt es in der postsowjetischen Verbrecherwelt niemanden mehr, der die unbedingte Autorität der *Diebe im Gesetz* weiter innehätte. Wer sich selbst noch so nennt oder von anderen so genannt wird, ist maximal ein Gangsterboss unter anderen. Das lässt sich schon an ihrer Zahl erkennen, die auch im Lüneburger Prozess genannt wurde. Demnach soll es *weltweit etwa 1000 Diebe im Gesetz* geben. Woher die Zahl kommt, ist unklar. Wahrscheinlich gibt es so viele oder noch mehr größere oder kleinere Verbrecherbosse im postsowjetischen Raum, die eine gewisse Autorität in kriminellen Kreisen haben, aber *Diebe im Gesetz* sind sie nicht (mehr). In der Sowjetunion sollen es, so die Forschung, nie mehr als 10 bis 15 echte *Diebe im Gesetz* gewesen sein. Natürlich sind auch das nur Schätzungen, denn wie bei vielen informellen Gruppen gab es auch in der Diebesgesellschaft immer wieder Machtkämpfe und ideologische Streitigkeiten. Einmal soll es sogar zu einer Spaltung gekommen sein, und zwei separate *Diebe-im-Gesetz*-Gruppen beanspruchten die oberste Autorität für sich.

Die geringe Zahl der *Diebe im Gesetz* hatte allein schon praktische Gründe. Wie sonst hätte ein System funktionieren sollen, bei dem sie sich regelmäßig zu Sitzungen, im Diebesjargon *schodki* genannt, treffen mussten? Da immer einige der *Diebe im Gesetz*, oft sogar die Mehrheit, im Straflager saßen, ging das nur in den sogenannten *Etappengefängnissen*. Das waren (und sind noch heute) jene großen Gefängnisse, in die Gefangene immer dann gebracht wurden, wenn sie auf die eigentlichen Lager weiterverteilt oder von einem in ein anderes Lager verlegt wurden. Das bekannteste (und eines der berüchtigtsten) dieser *Etappengefängnisse* ist das bis heute existierende *Wladimirer Zentral* in der gleichnamigen etwa 200 Kilometer östlich von Moskau gelegenen Bezirksstadt.

Die *Diebe im Gesetz* mussten einen rigiden Kodex befolgen. Ein wenig glichen sie einem Mönchsorden, dem vom Diebesvolk wegen ihrer asketischen Weltenferne die notwendige Neutralität in weltlichen Angelegenheiten und damit geistige Legitimität zuerkannt wurde. Wichtigste Regel für einen *Dieb im Gesetz* war der Verzicht auf jeden privaten Besitz. Hier dürfte der gewaltige Unterschied zu den sich heute so nennenden Dieben besonders deutlich werden. Sie wurden aus dem sogenannten *obschtschak* versorgt, einer Gemeinschaftskasse, in die alle Mitglieder eine Art Steuer zu entrichten hatten. Gleichzeitig diente der *obschtschak* (von russisch *obschtschij* für *gemeinsam* oder *generell*) als Sozialkasse für in Not geratene Diebe oder deren Familien, zum Beispiel, wenn sie im Straflager saßen und, so muss man wohl sagen, kein Einkommen hatten.

Diebe im Gesetz durften, auch das ähnelt den Bestimmungen für Mönche, keine Familien haben (was aber, es ging ja nicht um Gottgefallen, Sex keineswegs ausschloss). Sie mussten sich der Diebesgemeinschaft gänzlich verpflichten. Gewalttäter waren als *Dieb im Gesetz* disqualifiziert. Wer zum Beispiel einen bewaffneten Raubüberfall auf dem Kerbholz hatte, schied als möglicher *Dieb im Gesetz* aus. Das soll aber nicht heißen, dass die *Diebe im Gesetz* besonders zartfühlend gewesen wären. Die *ponjatija* sahen durchaus physische Strafen für schweres Fehlverhalten innerhalb der Organisation vor, den Tod eingeschlossen. Als Todsünde unter Dieben galt die Zusammenarbeit mit dem Feind, dem Staat, der Miliz oder dem KGB.

Wie jeder Geheimbund hatten auch die Diebe Erkennungszeichen. Neben ihrer Gaunersprache, der *blatnoj yasyk*, war das vor allem ein System von geheimen Fingerzeichen. Und der Körper eines Diebes konnte im Laufe des Lebens fast völlig mit Tätowierungen bedeckt werden. Die Motive, angefangen von Buchstaben zwischen den Fingerknöcheln bis zu großflächigen Bildern auf Brust, Rücken oder auch dem rasierten Schädel, waren dabei nicht zufällig gewählt, sondern erzählten eine Geschichte: die eines Verbrecherlebens. Wer die Tätowierungen *lesen* konnte, erfuhr sehr viel, mitunter die vollständige Biographie ihres Trägers, so der britische Historiker Mark Galeotti in seinem Buch *The Vory: Russia's super mafia*, die vielleicht umfassendste Beschreibung jener Welt.

Die Diebesgemeinschaft hat viele Spuren in der Alltagskultur hinterlassen. Am bekanntesten dürfte die sogenannte Gaunersprache sein. Viele ihrer Ausdrücke, die ursprünglich dazu dienten, sich unentdeckt verständigen zu können, sind heute überall zu hören. Manche haben sogar ihren anrüchigen Beigeschmack verloren. Der Verbrecherjargon *blatnoj jasyk* ist einer von zwei russischen Parallelsprachen. Die andere, *mat*, im Deutschen oft mit *Mutterflüche* übersetzt, obwohl die Herkunft von *mat*, Mutter, umstritten ist, wird in einem eigenen Kapitel behandelt. Während die *Mutterflüche* im Deutschen kein Analogon haben, ist der Verbrecherjargon in vielem dem spätmittelalterlichen Rotwelsch ähnlich. Seine heute vorherrschende Form erhielt er allerdings erst Ende des 19. und Anfang des 20. Jahrhunderts. Viele seiner Begriffe stammen aus dem Jiddischen, andere haben russische oder auch turksprachliche Ursprünge. Die Diebesgesellschaft war, spätestens in der Sowjetunion, multinational.

Ein *schuler* zum Beispiel ist ein Gauner, ein Falschspieler, ein Betrüger, also jemand, der andere nach bürgerlich-moralischen Maßstäben unfair austrickst. *Basar* ist das, was man angerichtet, versprochen oder auch abgesprochen hat. In der Alltagssprache wird heute noch oft die Redewendung *otwetschat sa basar* verwendet. Das bedeutet, für eine Sache oder Handlung Verantwortung zu tragen, was durchaus als Drohung verstanden werden kann. Auch die schon erwähnte Zusammenkunft der *Diebe im Gesetz,* die *schodka,* hat längst Einzug in die Alltagssprache gehalten und wird für ganz banale Treffen gebraucht. Das Gegenteil eines Diebs ist der *frajer. Frajer* sind für Diebe Freiwild. Sie können bestohlen, betrogen, ausgeraubt oder auch umgebracht werden. Ihnen gegenüber gelten keine Regeln. Die allermeisten *frajer* sind gleichzeitig *lochy.* Ein *loch* ist ein Opfer, ein Verlierer. Jemand, der sich leicht übertölpeln lässt, der dumm, unvorsichtig, naiv oder unerfahren ist. *Obschtschak,* die Sozial- und Gemeinschaftskasse der *Diebe,* nennt man heute ganz wertfrei zum Beispiel die gemeinsame Urlaubskasse. Bleibt noch der *ment* zu nennen, inzwischen das russische Gegenstück zum deutschen *Bullen* für einen Polizisten. Die meisten dieser Begriffe haben ihre Anrüchigkeit verloren und vielen, die sie benutzen, dürfte ihre Herkunft aus der Gaunersprache nicht einmal mehr bewusst sein. Einige, wie zum Beispiel *ment,* sind aber immer noch Beleidigungen, und man sollte vorsichtig sein, sie zu verwenden.

Echte *Diebe im Gesetz* gibt es heute also nicht mehr. Nachdem sie sich im Laufe des 20. Jahrhunderts mehrmals wiedererfunden hatten, kam mit dem Untergang der Sowjetunion auch deren Ende. Die weitgehend von der äußeren Welt abgeschlossene Sowjetunion wirkte für diese Verbrechergesellschaft wie ein Schutzgebiet. Ihr Feind war nur der Staat, es gab keine anderen Verbrecherorganisationen. Allerdings haben sie tiefe Spuren hinterlassen. Sie haben einerseits den Staat (mit)geprägt und waren andererseits eine sehr sowjetische Erscheinung. Mit der Öffnung des Landes, den neuen Möglichkeiten und Freiheiten haben sich ehemalige Diebe (und ihre Nachfolger) gleichzeitig internationalisiert und provinzialisiert. Diejenigen, die sich heute *Diebe im Gesetz* nennen, übernehmen eine eingeführte und wohlklingende Marke. Sie sind nun Teil des internationalen Verbrechens mit Verbindungen und, wenn ich so sagen darf, Businessinteressen in aller Welt. Oder sie sind kleine Gauner und örtliche Verbrecherbosse irgendwo in der russischen Provinz. Wiederum andere haben es bis in die Führungsetagen des Staates und der Wirtschaft geschafft. Sie tragen jetzt Anzug und Krawatte. Die Tätowierungen, wenn es sie noch gibt, werden sorgfältig unter Ärmel und Weste verborgen. Diese Leute gehören nicht zum Mainstream, können wohl aber, wie Mark Galeotti schreibt, als *sein Schatten* bezeichnet werden. Man kann das wohl eine gelungene Anpassung nennen.

Die Diebeswelt ist eine verlorene Welt, oder besser eine, die sich auflöst. Völlig verschwunden ist sie aber nicht. Sie lebt subkulturell weiter im Verhalten der sogenannten *gopniki* (die hier ein eigenes Kapitel erhalten haben). Ähnlich der Wirkung des US-amerikanischen Gangsta-Rap haben es Verhaltensweisen und ästhetische Vorlieben in den russischen Mainstream geschafft. Ihr vielleicht öffentlich sichtbarster Ausdruck sind die populären Andeutungen aus dem Verbrecherjargon und dem *mat*. Selbst die Tätowierungen, früher so etwas wie ein Stigma (wenn auch eines, das in beide Richtungen funktioniert, also die Träger als Außenseiter kenntlich macht und gleichzeitig ein die Gruppe enger zu-sammenschließendes Distinktionsmerkmal ist), werden, in veränderter Form, wiederverwendet und umgedeutet. Nun erzählen sie nicht mehr vom Diebesleben, sondern gelten als individualisierende ästhetische Attribute.

Aber auch eine ganze Reihe sozialer und, vielleicht noch wichtiger, politischer Praktiken existieren weiter. Dazu gehört in erster Linie das Leben *po ponjatijam*, also nach informellen Regeln, die Macht, Gewalt und Geld vor Recht und Gesetz stellen. Ein Beispiel dafür ist die endemische Korruption. Viele Positionen in der öffentlichen Verwaltung bis hin zu hohen politischen Posten in Ministerien und Behörden sind käuflich zu erwerben. Wer dann Sachbearbeiter, Behördenleiter oder stellvertretender Minister geworden ist, möchte diese Investition wieder hereinbekommen. Umgekehrt wird von vielen Staatsbediensteten erwartet, dass sie *nach oben abgeben*. Das geht natürlich nur, wenn die staatlichen Leistungen oder Genehmigungen, über die diese Leute verfügen, verkauft werden.

17. Datscha. Nicht Stadt, nicht Land

Im Grunde leben viele Menschen in Russland zwei Leben: eines in der Stadt(-Wohnung) und eines auf der Datscha. Das sind nicht nur zwei unterschiedliche Orte, sondern zwei weit auseinanderliegende Welten. Die eine, die Stadt, ist die Welt der Pflicht, der Arbeit, der Enge und, auch, der sozialen Unterscheidung. Die andere, die Datscha, trägt den Geruch von Sommer, von Weite, von sozialer Vermischung und, ja, auch von Freiheit. Die Datscha steht zwar oft auf dem Land, aber sie ist nicht das Dorf. Sie ist etwas Drittes, ein Anhängsel der Stadt und eine ferne Erinnerung an das Dorfleben. Kein Dorfbewohner hat eine Datscha. Warum auch? Sie wäre dem eigenen Zuhause viel zu ähnlich, dabei zugleich städtisch-fremd, ohne aber Stadt zu sein.

Fragt man in Russland heute jemanden, was ihr oder ihm zur Datscha einfällt, ist die Wahrscheinlichkeit sehr groß, *Kindheit* als Antwort zu bekommen. Datscha ist *Kinderland*. Vor allem im Sommer. Eigentlich die ganzen Sommerferien lang, die sich in Russland von Ende Mai bis Anfang September ziehen. Dann wird es kälter, die Kindergärten öffnen wieder und die Schule beginnt. Aber Datscha ist auch ein Ort der Älteren, also derjenigen, die den Pflichten der Stadt bereits entkommen sind, während alle anderen, also jene im arbeitsfähigen Alter, die Kinder der Älteren, nur zeitweise hierherkommen, sozusagen als Gäste. Meist am Wochenende. Maximal für kurze Sommerferien.

Es gibt nicht viele Lehnwörter, die es aus dem Russischen ins Deutsche geschafft haben, *Datsche* ist so eines, zumindest im Osten Deutschlands. Aber wie das oft mit Lehnwörtern ist, sie passen sich der neuen Sprache in einer neuen Umgebung an und bedeuten meist etwas leicht anderes, ganz einfach, weil die Lebenswirklichkeit an neuer Wirkungsstätte eine andere ist. Die deutsche Wikipedia schreibt unter dem Stichwort *Datsche: Eine Datsche ist ein Grundstück mit einem Garten- oder Wochenendhaus, das der Freizeit und der Erholung dient und Hobbygärtnerei ermöglicht.* Das stimmt für die russische Datscha natürlich auch, klingt aber eher nach Schrebergarten. Wer einmal in das russische Datscha-Leben eingetaucht ist, weiß, dass deutsche Schrebergärten zwar gut und schön sein mögen, aber eben nur eine Schrumpfvariante, ein Abklatsch dessen sind, was sie sein könnten. Russland dagegen schöpft hier ganz tief aus den Möglichkeiten. Die Datscha ist ein Massenphänomen. Das zeigen schon die Zahlen: 2010 besaßen 48 Prozent aller Großstadtbewohner und 60 Prozent aller Russen eine Datscha. Das heißt, wer keine Datscha hat, ist in der Minderheit.

Ihren Anfang nahm die *Datschenkultur* in der zweiten Hälfte des 19. Jahrhunderts. Die Bezeichnung Datscha kommt vom russischen Wort für geben, *dat*. Eine Datscha war ursprünglich ein Haus mit Grundstück auf dem Land, das verdienten Würdenträgern wie Beamten oder Offizieren für besondere Verdienste um Zar und Vaterland *gegeben*, also geschenkt wurde. Zunächst gab es nur recht wenige Datschas, was auch daran lag, dass es noch recht beschwerlich war aufs Land hinauszukommen. Die Datschas dürfen übrigens nicht mit einem ausgedehnten Landbesitz verwechselt werden, der *imenije*. Diese Liegenschaften erhielten ihren Namen vom Verb *imet*, auf Deutsch *haben* oder *besitzen*. Eine *imenije* hatte ihren Ursprung meist in den feudalen Besitzungen des Adels, zu denen mehr oder weniger ausgedehnte Ländereien gehörten, auch ganze Dörfer mit leibeigenen Bauern. Deren Knochenarbeit ermöglichte dem Adel erst seinen oft ausschweifenden und ausbeuterischen Lebensstil. Bis ins 18. Jahrhundert hinein lebten die Adeligen meist mit ihren Familien in den Guts- oder Herrenhäusern auf dem Land. Erst als die Anwesenheit am Zarenhof immer wichtiger wurde, wandelten diese sich zu Landsitzen. So haben *datscha* und *imenije* zwar unterschiedliche Wurzeln, verschmolzen zum Ende des Russischen Imperiums hin aber immer mehr, bis die *imenije* in der Oktoberrevolution zusammen mit dem Adel verschwanden.

Mit dem Aufkommen der Eisenbahnen, dem wirtschaftlichen Boom des ausgehenden 19. Jahrhunderts und dem Entstehen einer bürgerlichen Mittelschicht sprossen Datschas wie Pilze aus den sumpfigen Böden des St. Petersburger und Moskauer Umlands. Überall an den neu gebauten Eisenbahnstrecken entstanden *Datschensiedlungen*. Zeitgleich entwickelte sich eine eigene *Datschenarchitektur*. Datschas waren, im Gegensatz zu den Herrensitzen der *imenije*, fast immer aus Holz. Man verwendete viel Glas für große Fensterfronten. Eine verglaste Veranda gehörte unbedingt dazu, den Häusern in Ostseekurorten oft nicht unähnlich. Man experimentierte viel mit Stilen, die man sich oft in Europa abgeschaut hatte. Je nach Geschmack sah das eklektisch oder kitschig aus, wenn bei Moskau oder St. Petersburg Häuser im Stil Schweizer Chalets oder englischer Landhäuser entstanden. Neureiche, und davon gab in dieser russischen Gründerzeit viele, brauchen oft einige Zeit, um Geschmack und dann auch einen eigenen Stil zu entwickeln. Im Abstand von mehr als einem Jahrhundert betrachtet, ragen die vielen

Spielarten, Verzierungen und Ziselierungen des Jugendstils am stärksten hervor. Datscha, das war damals nicht nur eine Landflucht, sondern oft auch ein Prestigeobjekt. Die Häuser waren groß, oft gab es unterschiedliche Flügel für die verschiedenen Generationen und Unterkünfte für das Personal. Datschas waren etwas für Wohlhabende.

Die Epoche war so temporär wie die Sommerzeit auf der Datscha. Krieg und Revolution bereitete ihr schnell ein Ende. Die Vorboten dieser doppelten Katastrophe erfassten bereits am Ende des 19. Jahrhunderts viele große russische Dichter. Hervorzuheben sind hier wohl *Maxim Gorki* und *Anton Tschechow*. *Gorki* ließ den letzten Akt des Dramas eines (schon wieder) untergehenden Bürgertums kurz vor der Revolution in seinem Bühnenstück *Datschniki*, auf Deutsch *Sommergäste*, nicht zufällig in einer Datscha, einem Ort der Leichtigkeit und auch des Leichtsinns spielen. Einem Ort, an dem die strengen gesellschaftlichen Regeln zumindest zeitweise und teilweise außer Kraft gesetzt waren. Auch *Anton Tschechows* letztes Stück *Kirschgarten*, 1903 entstanden, spielt auf dem Land in dieser Endzeit, nur dass die tragischen Akteure Mitglieder der russischen Aristokratie sind. Auch sie sind, selbstverständlich ohne es schon zu wissen, dem Untergang geweiht.

Das Russische Kaiserreich verging, aber die Datschas blieben. Eine eigenständige sowjetische Datschenkultur entstand ab den 1930er Jahren. Der sowjetische Staat hatte, entgegen der Ideologie einer klassenlosen Gesellschaft, schnell seine eigene Oberschicht herausgebildet. Sie durfte nur nicht so leicht als solche zu erkennen sein. Besser leben als der Durchschnitt wollte sie aber durchaus. In gewisser Weise führte die Sowjetunion das Konzept Datscha auf seinen Ursprung zurück. Im ausgehenden Zarenreich waren Datschas nicht mehr *gegeben* worden, sondern Boden und Haus wurden gekauft bzw. selbst gebaut. Nun aber gab es kein Privateigentum mehr, alles gehörte dem Staat, der allein den Reichtum verteilte und den Mangel verwaltete. Er ließ im Umkreis von Moskau, St. Petersburg und anderen Großstädten großzügige Datschensiedlungen bauen, die vielleicht nicht mehr ganz die Pracht der Herrenhäuser früherer Zeiten hatten, aber doch mit allem zeitgemäßen Komfort aufwarten konnten. Die meisten dieser Datschen gab es aber nur auf Zeit, solange der Hausherr (und seltener die Hausfrau) in seiner Position war. Im *Großen Terror* Mitte der 1930er Jahre endete diese Zeit oft mit der Verhaftung (und späteren Erschießung) der Datscheninhaber. Der sowjetisch-russische Regisseur und Schauspieler *Nikita Michalkow* hat diese seltsame atmosphärische Mischung aus Gelassenheit und Anspannung in seinem Film *Die Sonne, die uns täuscht* sehr eindrücklich eingefangen.

Gleichzeitig und bis in das nachsowjetische Russland hinein prägend entstanden in den 1930er Jahren viele Datschensiedlungen mit einfachen Holzhäusern, Ziehbrunnen und, mehr und mehr, mit einem Stromanschluss als einzigem Luxus. Bereits damals verließen im Sommer jedes Wochenende rund eine halbe Million Moskauerinnen und Moskauer die Stadt zur Erholung im Grünen. Eine wahre, sich Woche für Woche wiederholende Massenwanderung, die, mit Ausnahme der Zeit des Krieges, bis heute anhält. Die Menschen entfliehen der Enge ihrer oft kleinen und nicht selten überfüllten Stadtwohnungen. In den sogenannten Kommunalwohnungen wurden große Bürgerwohnungen oder, vor allem in St. Petersburg, auch Adelspalais in kleine Parzellen aufgeteilt, und mehrere Familien teilten sich Küche und, wenn sie Glück hatten, auch Badezimmer (siehe Kapitel *Kommunalka*). Erst die großen Wohnungsbauprogramme unter Nikita Chruschtschow und Leonid Breschnew und der nachsowjetische Kapitalismus begannen diese Enge etwas abzumildern. Noch heute haben die Moskauer in ihren Wohnungen im Schnitt nur etwa halb so viel Platz pro Person wie die Berliner. Die Datscha hingegen hatte und hat man mit der Familie allein: Drei, selten vier Generationen gemeinsam, aber eben ohne Fremde. Die Datscha ist auch der Ort einer Zusammenführung der Generationen. Während in der Stadt die Kinder nach der oft frühen Heirat und Familiengründung auszogen, trafen und treffen sich auf der Datscha alle Generationen wieder in einem Haus.

Neben dieser sozialen Funktion war die Datscha zumindest in der Sowjetunion aber noch aus einem anderen Grund wichtig. Sie diente als Versorgungsbasis für alles Frische. Das Datschengrundstück zierten meist keine Blumen oder Ziersträucher, sondern auf ihm wurden Kartoffeln, Kohl und Rüben angebaut, mitunter Tomaten und Gurken in kleinen Gewächshäusern gezogen. Das Gemüse, aber auch Beeren und Baumfrüchte wurden eingemacht und halfen bei oft angespannter staatlicher Versorgungslage über den Winter. Noch in den 1990er Jahren, dem Wirtschaftskrisenjahrzehnt nach dem Ende der Sowjetunion, in dem oft kein oder nur ein kleiner Lohn immer wieder mit großer Verzögerung ausgezahlt wurde, überlebten viele Menschen in einem durchaus direkten Sinn dank ihrer oder oft eher der Großeltern Hände Arbeit im Datschengarten. Erst in den 2000er Jahren, in Zeiten des Wirtschaftsbooms, verdrängten Blumen und Sträucher zumindest im Umkreis der Großstädte allmählich die

Kartoffelfurchen. Aber die Erinnerung an Knappheit, Mangel und auch Hunger ist in Russland bis heute weit lebendiger als im Westen. Weshalb in jeder noch so kleinen Krise die Blumenbeete im Datschengarten wieder seltener werden und Gurken, Rote Bete oder Kartoffeln Einzug halten.

Die Datscha ist zudem ein Aufbewahrungsort für Altes und für Erinnerungen. Die Wohnungen in der Stadt sind klein, und Stauraum ist rar. Die russische (besser sowjetische) Standardwohnung in Plattenbauweise hat meist einen *Entresol* im schmalen Flur zwischen Eingang und Küche. Alte Möbel oder Kleidung, Geschirr und Sportgerät, vor allem aber die heimische Regale sprengende Zahl an Büchern, alles kam (und kommt oft noch) auf die Datscha. Manches längst Vergessene, als altmodisch Angesehene oder einfach nur Aussortierte erlebt heute eine Renaissance. Meine Favoriten sind sowjetische Tassen mit Motiven aus Märchen wie *Die Froschprinzessin* oder *Rotkäppchen*.

Etwas Entscheidendes hat sich seit dem Ende der Sowjetunion aber geändert. Aus dem weitgehenden Sommervergnügen Datscha ist oft eine Ganzjahresangelegenheit geworden. Auf den Moskauer oder St. Petersburger Ausfallstraßen steht freitagnachmittags auch im Winter der Verkehr still und auch am Sonntagabend, wenn alle zurückkehren. Viele der früher nicht selten baufälligen Holzhütten wurden ausgebaut oder durch Steinhäuser ersetzt. Gas- oder Ölheizung und Toiletten mit Wasserspülung haben Einzug gehalten. Neue Datschensiedlungen werden meist gleich aus Ziegel und Beton gebaut. Das verändert auch ihren Charakter. Vom ehemaligen Sommerhaus werden viele Datschas immer häufiger zur Zweitwohnung oder gar, wenn das Geld reicht, zum großzügigen Landhaus. Mehr noch. Immer mehr Menschen ziehen gleich aufs (dann aber nahe) Land und verzichten auf die Stadtwohnung. Die ländlichen Gebiete um viele Städte herum ähneln immer mehr den Suburbs US-amerikanischer Städte. Ich ziehe bewusst den Vergleich über einen der beiden großen Ozeane und nicht den vielleicht auf den ersten Blick näherliegenden nach Mittel- oder Westeuropa. Denn was in den vergangenen zwei Jahrzehnten rund um russische Städte zu wuchern begann, hat weit mehr mit den eingegrenzten *Housings* Nordamerikas zu tun als mit deutschen oder französischen Vorstädten. Hohe Zäune, Überwachungskameras, Schlagbäume an der Einfahrt und Wachpersonal in großer Zahl sollen den Besitz der reicher gewordenen Russinnen und Russen schützen.

Das ist leider oft auch nötig. In den 2000er Jahren vor die Frage gestellt, was für eine Datscha wir haben wollten, stellten sich schnell zwei Alternativen: eine mit allem Komfort einer Stadtwohnung und ganzjährig bewohnbar. Dann aber braucht es den Zaun, die Kameras und die Wachleute, oder Eltern, schon Rentnerinnen und Rentner, die ganzjährig dort wohnen. Oder aber ein einfaches Holzhäuschen, in dem der einzige Luxus ein jahrzehntealter Kühlschrank ist, es also nichts zu stehlen gibt. Das geht dann ohne Zaun und den ganzen Überwachungskram.

Noch aber lebt die Datscha in ihrer ursprünglichen Form. Noch ist die Erinnerung an sie als gleichzeitigem Fluchtort aus dem sowjetisch-städtischen Alltag und letzter Versicherung gegen immer wieder auftretenden Mangel lebendig. Noch stimmt, was *Maxim Gorki* vor rund 100 Jahren einer Protagonistin in seinem Stück *Datschniki* in den Mund legte: *Wir sind Datschniki in unserem Land, irgendwelche zugereisten. Wir wuseln umher, suchen einen bequemen Platz im Leben.*

18. Obida. Die große Kränkung

Einer der ersten sowjetischen Spielfilme, den mir meine neuen Freundinnen und Freunde in Russland unbedingt zeigen wollten, heißt *Weiße Sonne der Wüste*. Der sei Kult, sagten alle. Spannend und lustig. Jede Kosmonauten-Crew schaue sich den Film am Vorabend des Starts aus Bajkonur in den Orbit an. Unzählige Filmzitate seien in die Umgangssprache eingegangen. Wer auf Russisch mitreden und das Land verstehen wolle, müsse den Film unbedingt kennen. Zu jener Zeit fand ich mich gerade so in der neuen Sprache zurecht. Spielfilme in einer Fremdsprache zu verstehen, in denen es von schnellen Dialogen und Slang nur so wimmelt, gehört zur hohen Kunst des Sprachverständnisses. Kurzum: Ich verstand kaum ein Wort. Meine Freundinnen und Freunde übersetzten also synchron und live für mich, was der Videorekorder auf den Bildschirm zauberte. Das ging zunächst ganz gut. Aber an ein paar Stellen kamen sie nicht so recht weiter. Schnell hieß es dann, diese seien unübersetzbar. Das kommt in jeder Sprache vor. Doch über ein Zitat stritten meine Freundinnen und Freunde besonders heftig. Einer der Helden, ein dem Alkohol verfallener ehemaliger Zollmeister, lehnt mit den Worten *Mnje sa derschawu obidno* ein Bestechungsangebot ab. Kurz darauf wird er in die Luft gesprengt.

Weiße Sonne der Wüste könnte man, in Anlehnung an US-amerikanische Filmtraditionen, gut einen »Eastern« nennen. 1970 gedreht, spielt die Geschichte irgendwo am Kaspischen Meer zur Zeit des Bürgerkriegs. Das Russische Zarenreich ist bereits untergegangen, die Sowjetmacht aber noch nicht überall errichtet. Der Held drückt in diesem Satz seinen Schmerz über den Untergang des Staates als Ordnungsmacht aus. Er lässt sich von der neuen Macht in der Person des *Rotarmisten Genosse Suchow* überreden, mit ihm gegen Banditen und Konterrevolutionäre zu kämpfen. Der Film ähnelt sehr dem vier Jahre zuvor gedrehten Howard-Hawks-Western-Klassiker *El Dorado*, einschließlich dessen ernst-ironischem Unterton. Es geht um Männerfreundschaften, Rache und ferne Frauen. Und darum, wie prekär das Leben ohne funktionierenden Staat ist.

Nach einer Weile, die Pausentaste blieb derweil gedrückt, einigten sich meine Übersetzerinnen und Übersetzer mehrheitlich auf folgenden Kompromiss: *Ich fühle mich für mein Land gekränkt.* Eine Freundin aber bestand auf *Mich schmerzt es für mein Land.* In dem recht kurzen Satz waren gleich zwei Begriffe umstritten: *Derschawa*, also *Staat, Land, (Groß-)-Macht*, und dann *obidno*, ein Adverb zum Substantiv *obida* für *Kränkung, Beleidigung*.

Nun ist kränken oder gekränkt sein nichts spezifisch Russisches, sondern eines der stärksten menschlichen Gefühle. Der Psychologe Reinhard Haller bezeichnet es in seinem Buch *Die Macht der Kränkung*, mit Bezug auf die biblische Geschichte von Kain und Abel, sogar als das *Urmotiv des Urverbrechens*. Niemand könne sich ihrer Macht entziehen, denn eine Kränkung sei *ein Generalangriff auf das gesamte Ich*. Wer lebt, werde gekränkt. Aus einem Therapieprotokoll zitiert Haller auch das Gegenteil: *Mich kränkt niemand mehr, ich sterbe ...*

Wie in anderen Sprachen auch bezeichnet *obida*, die Kränkung, erst einmal zweierlei: Sowohl die Handlung des

Kränkens als auch die Verletzung der Gekränkten. Die enorme Kraft dieses Gefühls spielt in Russland eine besondere, eine herausragende Rolle im Zusammenleben. Ein wenig polemisch auf den Punkt gebracht: Wer will, dass hier seine oder ihre Gefühle ernst genommen werden, kränkt andere oder ist beleidigt.

Die bei den Gekränkten ausgelösten Gefühle decken, wie in anderen Gesellschaften auch, ein sehr weites Spektrum ab. Russische Wörterbücher schlagen als Synonyme für *obida* Begriffe wie *unischenije* (Erniedrigung), *bestschestije* (Ehrlosigkeit), *beda* (Leid, Schmerz, Unglück), aber auch *posor* (Schande) vor. Das Gefühl des Gekränktseins schließt zudem, um es noch komplizierter zu machen, Aspekte von Gerechtigkeit und Ungerechtigkeit mit ein. Gekränkt worden zu sein verletzt das Gerechtigkeitsgefühl. Beides scheint mir in Russland im individuellen wie gesellschaftlichen Diskurs von größerer Bedeutung zu sein als zum Beispiel in Deutschland.

Bei *Wladimir Dal*, dessen Mitte des 19. Jahrhunderts erschienenes *Wörterbuch der Russischen Sprache* den Rang des Dudens hat, steht der Gerechtigkeitsaspekt ganz deutlich im Vordergrund. Außerdem versteht er unter *obida* vor allem den Prozess der Kränkung, weniger seine Wirkung, das gekränkte Gefühl. *Dals* Nachfolger *Dmitrij Uschakow* sah das in seinem vierbändigen Wörterbuch, in der zweiten Hälfte der 1930er Jahre erschienen, noch immer so. Erst seit der Neubearbeitung von *Uschakows* Wörterbuch durch *Sergej Oschegow*, erschienen Ende der 1940er Jahre, stehen die Gekränkten im Mittelpunkt. Wahrscheinlich ist das eine Folge der auch in Russland fortschreitenden Individualisierung. Dabei ist es bis heute geblieben.

Das russische Verständnis von *obida* geht aber noch weiter. In seiner adverbialen Form, *obidno*, siehe Filmbeispiel, drückt das Wort die Enttäuschung, ja den Schmerz aus, wenn etwas trotz guter Voraussetzungen, bester Absichten und mitunter großer Anstrengungen nicht gelungen ist. Im Alltag ist, oft in Form von Mitleid, immer wieder zu hören, wie *obidno*, also schade, ärgerlich oder bitter es sei, dass dieses oder jenes nicht geklappt habe, egal ob nun die Umstände dagegen waren, das eigene Ungeschick oder andere Leute sich in den Weg stellten. Im Extremfall ist es *obidno do sljos*, wörtlich *bis zu Tränen kränkend*, also schlicht *zum Heulen*.

Für russische Verhältnisse gelingt es mir noch immer nicht, ausreichend (schnell) beleidigt zu sein. Oft kommt es mir so vor, dass meine Gefühle deshalb von meinen Mitmenschen nicht ausreichend ernst genommen werden. Ich kenne keine Untersuchung, die meine Beobachtung stützt, aber ich bin davon überzeugt, dass erst das Kränken oder das Gekränktsein in Russland signalisiert: Jetzt wird es ernst.

Nun vom Alltag zur Politik und zu einer vielleicht noch gewagteren These: So vorsichtig man mit der Psychologisierung ganzer Gesellschaften sein sollte, kann man das heutige Russland durchaus als ein Land mit einer zutiefst gekränkten politischen Elite ansehen. Eine Kränkung, die Politik und Propaganda in den vergangenen Jahren erfolgreich auf die Mehrheit der Menschen im Land zu übertragen vermocht haben. Aber woher kommt diese Kränkung? Haben viele Russen und besonders die politische Elite mit Wladimir Putin an der Spitze (gute) Gründe, gekränkt zu sein?

Diese Frage ist so gestellt kaum zu beantworten. Denn eine Kränkung hat die Eigenschaft, kaum objektivierbar oder messbar zu sein. Es ist und bleibt eben ein Gefühl, das wir alle einmal verspüren. Niemand kann sich ihm entziehen. Dabei gibt es Menschen, die schneller und nachhaltiger zum Gekränktsein neigen als andere. Sicher kann man sagen, dass eine Kränkung umso stärker und anhaltender wirkt, je unsicherer die Gekränkten sich ihrer selbst sind. Auch die politische, in großen Teilen sogar die intellektuelle Elite des Landes sucht seit vielen Jahren nach einer neuen Staatsidee. Was ist Russland, wenn es nicht mehr die Sowjetunion ist? Was ist Russland, wenn es kein Imperium mehr ist? Was ist Russland, wenn es keine Supermacht mehr ist? Oder auch andersherum: Wie muss Russland sein, um wieder Imperium, Supermacht oder doch zumindest Großmacht zu werden? In diesem Sinn ist das heutige Russland ein suchendes Land. Ein Land auf der Suche nach seinem Platz in der Welt: Ist es ein neuer, der alte, ein angestammter oder rechtmäßiger? Man braucht nur eine beliebige russische Zeitung aufzuschlagen oder eine Website aufzurufen, eine politische Talkshow im Fernsehen anzuschauen oder einem Gespräch im Radio zuzuhören, und mit hoher Wahrscheinlichkeit geht es um genau diese Fragen. Jemand wird behaupten, Russland sei etwas Besonderes und habe einen besonderen Weg zu gehen oder gar eine besondere Mission zu verfolgen, gern auch, dass das Land eine eigene *Zivilisation* sei. Und mit Sicherheit behauptet jemand, dass dem Land großes Unrecht angetan worden sei oder noch immer angetan werde. Dass Fremde mit aller Kraft zu verhindern suchten, Russland seinen eigenen, *besonderen* Weg gehen zu lassen.

Nun ist jede Kränkung ein Kommunikationsakt. Es gibt die Kränkenden, eine kränkende Äußerung und die Gekränkten. Im russischen politischen Diskurs nimmt die Rolle des Kränkenden meist ein anonymer, kollektiver *Westen* ein – mitunter in den USA personalisiert, in letzter Zeit aber immer häufiger auch in der EU. Russland ist dabei stets die Gekränkte (die Eigenbezeichnung *Rossija* ist weiblichen Geschlechts): *Nas obideli – man hat uns gekränkt*. Was die Kränkung auslöst, kann jedoch variieren. Oft hat sie einen Bezugspunkt in der Geschichte des Landes. Ein Paradebeispiel sind die 1990er Jahre. Damals war der Westen Freund und Partner. Als Putin seine Macht im ersten Jahrzehnt dieses Jahrhunderts festigte und der Ölpreis Russland wieder Stabilität und Kraft verlieh, änderte sich das. Seitdem verleiht der Kremlchef dem Wort *Partner* einen schneidend-sarkastischen Unterton, der deutlich machen soll, dass er sein Gegenüber durchschaut hat.

Aus der Hilfe, aus den Angeboten zur Partnerschaft und der Bereitschaft zur Aufnahme in die Gemeinschaft demokratischer Staaten wurde in der Vorstellung vieler Menschen in Russland allmählich eine perfide westliche Strategie, die nur ein Ziel hatte: Russland kleinzuhalten. Überall werden seither *doppelte Standards* vermutet, lassen es westliche Regierungen angeblich an der notwendigen *Achtung* Russland gegenüber fehlen, behandeln das Land also nicht *auf Augenhöhe*. Während in dieser Vorstellung immer das ganze Land *gekränkt* und *erniedrigt* wird, ist es niemals Russland selbst, das *kränkt* oder sich nicht korrekt verhält. Während das ganze Land zum Opfer erklärt wird, ist Russland, so die Botschaft, die Unschuld selbst. Die (angeblich) andauernde Kränkung dient in diesem Unschuldskonstrukt als Grund und Begründung zugleich.

Mit diesem Selbstbild des unschuldigen Opfers korrespondiert ein anderes, das der Kreml seit Jahren systematisch ins öffentliche Bewusstsein einschreibt: das eines siegreichen Russlands im gerechten Kampf um sein Überleben. Dieser

Vorstellung zufolge ist das Land stets von Feinden umzingelt (gewesen), wurde es in seiner (von Putin wiederholt als *tausendjährig* bezeichneten) Geschichte immer nur von außen angegriffen, hat sich *heldenhaft* und vor allem geeint verteidigt und jedes Mal den gerechten Sieg davongetragen. Und als das mit dem Sieg einmal nicht so recht gelang, wie etwa im Ersten Weltkrieg, hatten sich böse ausländische Kräfte (hier die deutsche Generalität und die Engländer) mit Verrätern im eigenen Land (erst den Liberalen und dann den *Bolschewiki* unter Lenin) verschworen.

Die größte Kränkung, die Russland diesem Diskurs zufolge in den vergangenen Jahrzehnten zugefügt wurde, war das Ende des letzten russischen Imperiums, der Sowjetunion – selbstverständlich durch den Westen herbeigeführt. Sie ist gewissermaßen die Mutter aller Kränkungen, eine wahrhaft *narzisstische*, die jedes Mittel rechtfertigt. Putin bezeichnet das Ende der Sowjetunion deshalb auch als die *größte geopolitische Katastrophe des 20. Jahrhunderts*. Der Untergang des Imperiums erscheint nun nicht mehr als politische Niederlage einer Idee oder einer Gruppe oder als Folge politischen und wirtschaftlichen Missmanagements, sondern als Demütigung des ganzen Landes – durch den Westen.

Untrennbar verbunden ist diese Sicht mit den phantastischen Vorstellungen, die sich viele Menschen in der Sowjetunion vom Westen machten. Dieser *imaginierte Westen* wurde umso wirkungsvoller, je mehr die Sowjetunion abwirtschaftete. Ein reales Bild vom Westen konnten sich die Menschen in der Sowjetunion kaum machen, weil sie fast 70 Jahre lang von der übrigen Welt abgeschlossen leben mussten. Umso größer war nach 1990 die Enttäuschung, einerseits über den *realen Westen* und andererseits darüber, wie wenig das

Land auf die eigene Freiheit vorbereitet war. Die Größe dieser im wörtlichen Sinne *Ent-Täuschung* erklärt auch die Tiefe der Kränkung. Wichtig für die Stärke und Häufigkeit von Kränkungen sind aber auch die Bedeutung und der Wert, die die (tatsächlich oder angeblich) Kränkenden in den Augen der Gekränkten haben. *Der Westen* war und ist nach wie vor Sehnsuchtsort der meisten Russinnen und Russen (siehe Kapitel *Europa*). Ein Sehnsuchtsort übrigens, der sogar noch in der Enttäuschung der russischen *Anti-Westler* zu finden ist, die sich ja gerade durch die Ablehnung des Westens definieren. Diese Beziehung hat, gewollt oder ungewollt, ein außerordentliches Kränkungspotenzial. Und wenn jemand erst einmal im Modus des Gekränktseins ist, kann alles kränken: Lob, weil es angeblich von oben herab geschieht; Kritik, weil sie einem schulmeisterlich vorkommt; Neutralität, weil sie missachtet.

Im Verhältnis Russlands zum Westen scheinen mir die wirkungsvollsten Kränkungskatalysatoren momentan Enttäuschung und Liebesentzug zu sein. Beide verführen die Gekränkten zur Maßlosigkeit. Anschaulich wird dies in einem Zitat aus Putins Krim-Annexion-Rede vom 18. März 2014: *Die Politik, Russland kleinzuhalten, die im 18., 19. und im 20. Jahrhundert betrieben wurde, setzt sich heute fort. Man versucht immer noch, uns in die Ecke zu drängen, weil wir einen unabhängigen Standpunkt einnehmen, weil wir ihn verteidigen, weil wir die Dinge beim Namen nennen und uns nicht in Heuchelei üben. Doch es gibt Grenzen. Und was die Ukraine anbetrifft, haben unsere westlichen Partner eine Linie überschritten. Sie haben sich ungehobelt, unverantwortlich und unprofessionell verhalten.*

Drei Adjektive, die Zeugnis ablegen.

19. SMI. Massenmedien vs. Pressefreiheit

In Russland wird alles abgekürzt. Oft ist das praktisch. Manche Abkürzungen sind eingängig, viele aber auch bürokratische Monster, die niemand aussprechen, geschweige denn sich merken kann. *GUSMOMOZPBSPIDIS* zum Beispiel steht für *Staatliche Gesundheitseinrichtung des Moskauer Gebiets im Moskauer Gebietszentrum für die Vorsorge vor und den Kampf mit AIDS und Infektionskrankheiten.*

Um eine andere, alltäglichere und vor allem bequemere Abkürzung soll es in diesem Kapitel gehen, um *SMI* (ausgesprochen nicht *S-M-I*, sondern *SMI*). Sie steht für *sredstwa massowoj infomazii*, wörtlich übersetzt: *Masseninformationsmittel.* So werden in Russland die Massenmedien bezeichnet. Der Begriff gibt hier die Richtung des offiziellen Medienverständnisses vor: Sie werden als ein Mittel, in erster Linie des Staates, verstanden, große Menschenmengen zu informieren. Es gibt im Russischen zwar auch den Begriff *Massenkommunikationsmittel, sredstwa massowoj kommunikazii,* der beschreibt aber die verwendete Technik, also Sendeanlagen, Telefonnetze und, in den vergangenen zwei Jahrzehnten, auch die Infrastruktur für Mobilfunk und Internet.

Nun läge die Vermutung nahe, Massenmedien als *SMI* zu bezeichnen sei eine zutiefst sowjetische Erfindung. Denn in der Tat würde sie ausgezeichnet zu den Ideen und der Praxis staatlich geregelter und kontrollierter sowjetischer Öffentlichkeit passen. Doch ganz so einfach ist es nicht. Der Begriff *SMI* tauchte erst in den 1970er Jahren im offiziellen Sprachgebrauch auf. Zuvor sagte man, durchaus neutral,

Presse, oder *petschat*, Druck. Manche vermuten sogar, *SMI* sei eine Übernahme aus dem Französischen. In Frankreich wurden Massenmedien bis in die 1960er Jahre hinein *moyens d'information de masse* genannt. Ob es nun stimmt oder nicht, auffällig ist, dass die Sowjetunion diesen Begriff just in einer Zeit zu nutzen begann, als er im Westen längst in die Kritik und außer Mode geraten war.

Vielleicht noch erstaunlicher ist aber, dass *SMI* sowohl die Perestroika als auch den Übergang zum neuen, sich demokratisch definierenden Russland überstanden hat. Am 27. Dezember 1991, zwei Tage nach dem Ende der Sowjetunion, wurde das *Gesetz über Masseninformationsmittel* vom russischen Obersten Sowjet angenommen und von Präsident Boris Jelzin unterzeichnet. Lange Zeit blieb es unverändert. Erst nach den Winterprotesten 2011/2012 begann der Staat die Pressefreiheit auch formal wieder einzuschränken. Zwei dieser Änderungen sind bedeutend: Medien können vom Staat verboten werden, sollten sie die *Gesundheit und Entwicklung von Kindern* gefährden. Und seit Februar 2016 dürfen Ausländer nicht mehr als 20 Prozent der Anteile an Massenmedien besitzen.

In der Perestroika begannen sich die sowjetischen Massenmedien radikal zu verändern, eine Entwicklung, die immer schneller wurde und zu einer wahren Revolution führte. Alle Verbote fielen. Es stand nicht mehr infrage, ob etwas zu schreiben und zu sagen erlaubt ist oder nicht. Veröffentlicht wurde alles. Das ganze Land schien Ende der 1980er Jahre in Talkshows und über Zeitungsseiten miteinander zu diskutieren. Aus den Massenmedien der *Nomenklatura* und ihren Zensoren und Aufsehern wurden binnen kurzer Zeit Einrichtungen der Journalistinnen und Journalisten. Sie ließen sich von niemandem mehr etwas sagen, von Politikern schon gar nicht und oft auch nicht von den eigenen Chefredakteuren. Heute klingt das fast zu schön, um wahr zu sein. Aber es waren volksrevolutionäre, also romantische Zeiten des Umbruchs. Um ein altes Lenin-Wort zu paraphrasieren: Die alten Machthaber wollten oder konnten nicht mehr und die neuen konnten oder wollten noch nicht.*

Das alles hatte Auswirkungen auf den neuen russischen Journalismus. Journalisten waren nun mindestens ebenso Akteure des politischen Geschehens wie dessen Chronisten. Sie wurden zu Zeugen und Aktivisten. Wie in der Politik, so zeigte sich auch hier eine erstaunliche Kontinuität: Journalismus war in der Sowjetunion nicht unabhängig und war es auch nach ihrem Ende nur bedingt: den allmächtigen Staat ersetzten nun die neuen Besitzer, meist aus den Reihen der Oligarchen. In einem Land ohne starke, ja anfangs ganz ohne zivilgesellschaftliche Organisationen, ohne stabile und unabhängige politische Parteien und mit einer politischen Opposition, deren stärkste Kraft, die Kommunisten, die neue Freiheit ablehnte, wuchsen die Journalisten zu einer Art Ersatzopposition heran. Es war nicht so, dass Haltung wichtiger als Wahrhaftigkeit war, eher wurde Haltung mit Wahrhaftigkeit gleichgesetzt – von den Journalisten genauso wie von einem großen Teil des Publikums. Ein Verständnis von Pressefreiheit und journalistischer Ethik blieb unterentwickelt. So gibt es bis heute, trotz ausgezeichneter journalistischer Ausbildung, fast keine Trennung unterschiedlicher

---

* Die Originalübersetzung lautet: Eine revolutionäre Situation gibt es dann, wenn die oben nicht mehr können und die unten nicht mehr wollen.

Textgenres wie Kommentar, Bericht, Glosse oder Reportage. Viele Texte werden konsequent in der ersten Person geschrieben. Die Meinung und Haltung des Autors oder der Autorin sind oft wichtiger als der Sachverhalt. Ihr Gegenstück sind Artikel im Stil amtlicher Verlautbarungen, hinter denen sich Autor oder Autorin verstecken.

Treiber dieser Entwicklung waren journalistische Neugründungen. Mitunter verließen ganze Redaktionen die immer noch staatlichen Medien und machten sich selbstständig. Drei dieser neuen Medien will ich hier stellvertretend kurz vorstellen (auch weil sie ganz unterschiedliche Schicksale haben): den Fernsehsender *NTW*, den Radiosender *Echo Moskaus* und die Zeitung *Nowaja Gaseta*. Das *Echo Moskaus* wurde am 22. August 1991 gegründet, am Tag nach dem gescheiterten Versuch, die noch existierende Sowjetunion in die Zeit vor Gorbatschow zurückzuputschen.

NTW hoben 1993 unzufriedene Journalistinnen und Journalisten des staatlichen *Ersten Fernsehkanals* mit Hilfe eines privaten Investors aus der Taufe. Ihrer Meinung nach orientierte sich dieser schon wieder zu sehr an der Staatsmacht, also am Präsidenten. Und die Gründer der *Nowaja Gaseta* wollten, ebenfalls 1993, eine wirklich unabhängige Zeitung schaffen, unabhängig sowohl vom Staat als auch von privaten Investoren. *NTW* und *Echo Moskaus* fanden in der Medienholding des Unternehmers *Wladimir Gussinskij* Unterschlupf, beide mit einem Statut, das dem Inhaber Einfluss auf die Redaktionsinhalte verwehrte. Das war für Russland etwas vollkommen Neues.

Die *Nowaja Gaseta* gehört dem Redaktionskollektiv. Michail Gorbatschow unterstützte die Gründung, indem er von seinem Friedensnobelpreisgeld die Computerausstattung kaufte. Als die Zeitung 2006 unter den politischen Druck des Kremls geriet, übernahmen er und der Unternehmer (und frühere KGB-Oberstleutnant) *Alexander Lebedew* 49 Prozent der Anteile. 51 Prozent und damit die Stimmenmehrheit verblieben bei der Redaktion.

Gleichzeitig mit diesen Neugründungen setzten Zeitungsprojekte in Kooperation oder mit Beteiligung ausländischer Verlage hohe journalistische Standards. Dazu gehörten die von einem Niederländer gegründete, englischsprachige Tageszeitung *The Moscow Times* und die auf Wirtschaftsthemen spezialisierte *Wedomosti*, ursprünglich gemeinsam von der *Financial Times* und dem *Wall Street Journal* herausgegeben. Als 2016 ein neues Gesetz Ausländern den Besitz von mehr als 20 Prozent der Anteile an russischen Medien verbot, musste *Wedomosti* an ein dem Kreml nahestehendes Medienunternehmen verkauft werden.

In den 1990er Jahren gab es zwar keine Zensur, und auch nach Putins Amtsantritt bis etwa Mitte der 2010er Jahre blieben formale Zensurversuche die Ausnahme. Da er die landesweiten Fernsehsender ohnehin kontrollierte, versuchte der Kreml vor allem mit Morgenrunden der Chefredakteure die Berichterstattung zu beeinflussen. Aber der Staat war und ist jederzeit in der Lage, unabhängigen Medien das Leben schwer zu machen. Fernseh- und Radiosender sind von staatlich vergebenen Sendefrequenzen abhängig. Zeitungen können außerhalb von Moskau, St. Petersburg und einigen anderen Millionenstädten ohne die staatliche Post kaum kostendeckend vertrieben werden. Das Internet hat hier einiges geändert, doch davon später mehr.

Typischerweise gehörten die meisten Medien in den 1990er Jahren einem der neu entstandenen großen Finanz-Industrie-

Konglomeraten oder den staatlichen Regionalverwaltungen. Viele wurden von einem der bald Oligarchen genannten Unternehmer kontrolliert, die aufgrund einer Mischung aus Initiative und enger Verflechtung mit staatlichen Stellen reich geworden waren. Sie nutzen ihre Medien auch, um den eigenen politischen Einfluss zu sichern. Außerdem stellten sie ein Angebot der Zusammenarbeit an den Kreml dar. Das mag, vom Standpunkt der Pressefreiheit aus betrachtet, fragwürdig sein. Die unterschiedlichen Interessen der Besitzer erhöhten jedoch die Konkurrenz, vergrößerten den Spielraum der Journalistinnen und Journalisten und sorgten so für eine gewisse Vielfalt. Hinzu kam, dass Präsident Jelzin die Medien als grundsätzliche Verbündete in seiner Auseinandersetzung mit den Kommunisten betrachtete und bis zu seinem Rücktritt allen Versuchungen (und Ratschlägen einiger seiner Berater) widerstand, die Pressefreiheit einzuschränken. Mit einer, aus heutiger Sicht fatalen Ausnahme: Als seine Umfragewerte Anfang 1996, wenige Monate vor den nächsten Wahlen, unter 10 Prozent lagen, schmiedete seine Administration mit den führenden Finanz- und Medienkonglomeraten ein Bündnis, das in einer für das neue Russland unvergleichlichen staatlich-privaten Medienkampagne mündete und entscheidend zu seiner Wiederwahl beitrug. Man kann diese Wahlen, nach dem ersten – der Parlamentsbeschießung im Herbst 1993 – durchaus als den zweiten politischen Sündenfall des neuen, demokratischen Russlands bezeichnen. Um eine drohende oder auch nur imaginierte Rückkehr kommunistischer Herrschaft zu verhindern, wurden (fast) alle demokratischen Grundsätze über den Haufen geworfen. Der Westen sah weg oder unterstützte Jelzin aktiv, was viele Menschen in Russland als doppelten Standard empfanden. Wenn aus dem Westen heute über fehlende Pressefreiheit, die notwendige Unabhängigkeit von Journalisten und Medien oder gar Zensur in Russland geklagt wird, kommt fast unweigerlich die Frage, warum das alles bei den Präsidentenwahlen 1996 nicht gegolten habe.

Der nächste Wendepunkt setzte mit dem zweiten Tschetschenienkrieg ab September 1999 ein. Mit ihm ist der Aufstieg des damals noch recht unbekannten Wladimir Putin eng verbunden, der in diesem Krieg seine Lehren aus dem ersten Tschetschenienkrieg von 1994 bis 1996 zog. Die damals vom Staat weitgehend unabhängige Presse berichtete über jedes Versagen der russischen Streitkräfte, über jede Grausamkeit und jedes Verbrechen. Journalistinnen und Journalisten hatten jederzeit fast unbegrenzten Zugang zum Kriegsgebiet. Sie begleiteten Regierungstruppen ebenso wie Rebelleneinheiten. Für den überwiegenden Teil der russischen Öffentlichkeit stand damals fest, wer Täter und wer Opfer war: Der Kreml und seine Generäle hatten eine schlecht bewaffnete, unmotivierte und demoralisierte Armee in einen schmutzigen Krieg mit zweifelhaftem Ziel und Ausgang geschickt.

1999 änderte sich das. Im September gab es zahlreiche Terroranschläge in Russland, bei denen mehrere Hundert Menschen ums Leben kamen. Die Regierung schrieb die Anschläge den Tschetschenen zu. Obwohl Zweifel blieben und es Hinweise gab, dass zumindest ein Teil der Anschläge vom russischen Geheimdienst vorbereitet worden war, kippte die öffentliche Meinung endgültig gegen die Tschetschenen, als eine kleine Gruppe von ihnen in die benachbarte Republik Dagestan am Kaspischen Meer eindrang. Die Regierung unter Premierminister Putin (der noch amtierende Präsident

Jelzin war krank und kaum handlungsfähig) kontrollierte weitgehend die innerrussische Berichterstattung über den Krieg, seine Ursachen und Ziele. Umfragen zufolge waren zwei Drittel der Bevölkerung Putins Ansicht, dass den tschetschenischen Terroristen gewaltsam Einhalt geboten werden müsse. Dass das möglich wurde, hatte sowohl institutionelle wie auch politische Gründe. Die Öffentlichkeit war Jelzins müde geworden, dem es nicht gelang, die politisch wie wirtschaftlich anhaltenden Krisen in den Griff zu bekommen. Insbesondere durch diesen Krieg verstand es Putin, sich als eine junge, tatkräftige und verlässliche Alternative zu Jelzin darzustellen. Es gelang ihm, eine weitgehend positive Berichterstattung über die Ereignisse, vor allem im reichweitenstarken Fernsehen, zu erzwingen, indem er Druck auf die Medienbesitzer ausübte. Dass Teile der Presse seiner Politik gegenüber den Aufständischen zustimmten, wirkte dabei weiter unterstützend. Nur einige wenige Nischenpublikationen und Menschenrechtsgruppen boten alternative Informationsquellen, erreichten aber nie ein Massenpublikum. Opfer gab es auch in diesem Krieg zahlreiche, vor allem unter der Zivilbevölkerung, aber das Fernsehen und die auflagenstärksten Zeitungen und Zeitschriften zeigten kaum zivile Opfer.

Sofort nach seiner Amtsübernahme als Präsident brachte Wladimir Putin die drei landesweiten Fernsehkanäle – *Erster Kanal*, *Rossija* und *NTW* – unter seine Kontrolle. Zwei der bisherigen Besitzer, die Oligarchen *Boris Beresowskij* und *Wladimir Gussinskij*, zwang er mittels Strafverfahren ins Exil. *Gussinskij* wurde zuvor festgenommen und unter Androhung einer langen Haft dazu gebracht, seine Medienholding aus *NTW*, *Echo Moskaus* und der Tageszeitung *Segodnja* an *Gas-*

prom Media zu verkaufen, einer Tochter des Staatskonzerns *Gasprom.* NTW entwickelte sich unter den neuen Besitzern recht schnell zu einem der aggressivsten Propagandasender des Kremls. *Echo Moskaus* schaffte es immerhin, wohl auch dank des Redaktionsstatuts, vor allem aber, weil es eben ein Radio- und kein Fernsehsender ist, redaktionell weitgehend unabhängig zu bleiben. Eine möglichst ausgewogene Berichterstattung, in der sowohl Parteigänger des Kremls als auch dessen Kritiker zu Wort kommen, ist das Ergebnis, journalistisch gesehen, nicht das schlechteste.

Bis Mitte der 2010er Jahre gaben bei Umfragen rund 80 Prozent der Menschen in Russland an, sich vor allem aus dem Fernsehen zu informieren. Über die Kontrolle dieses national wichtigsten Informationskanals hat der Kreml eine, wie der Soziologe *Boris Dubin* vom Umfrageinstitut Lewada-Zentrum das genannt hat, *virtuelle Mehrheit von Fernsehzuschauern* geschaffen. Diese stimmen in Umfragen und in Wahlen weitgehend den Meinungen zu, die sie aus dem Fernsehen kennen. So wird dem Einzelnen die Verantwortung für die politischen Geschehnisse, aber auch für die eigenen Geschicke abgenommen und die Selbstwahrnehmung der Mehrheit gestärkt, kaum oder keinen Einfluss auf die Geschicke des Landes zu haben.

Erste Risse bekam diese Strategie durch die Proteste gegen Wahlfälschungen im Winter 2011/2012. Gründe dafür gab es verschiedene (siehe genauer dazu im Kapitel *Demokratie*). Ein wichtiger Grund war aber, dass sich der Medienkonsum gebildeter, städtischer und jüngerer Bevölkerungsschichten geändert hatte. Auch wegen der Gleichförmigkeit und der Banalisierung und Boulevardisierung des Fernsehens hatten diese damit begonnen, ihre Informationen im

Internet zu suchen. Zudem boten die sozialen Netzwerke neue Möglichkeiten horizontaler Vernetzung. Im Internet konnte all das geschrieben, gesagt oder gezeigt werden, was im Fernsehen schon lange nicht mehr vorkam. Auch wichen immer mehr unabhängige Journalisten, mitunter auch ganze Redaktionen oder Unternehmen wie der Kabelfernsehkanal *TV-Doschd,* mehr gezwungenermaßen als freiwillig, ins Internet aus. Doch auch hier waren unabhängige Medien nicht mehr vor dem Staatszugriff sicher. Populäre Nachrichtenportale tauschten auf Druck des Kremls ihre Redaktionen aus. Mit Hilfe von Gesetzen, die angeblich dem Kampf gegen Extremismus und Terrorismus dienen, wird immer öfter die Zensur von Web-Inhalten durchgesetzt. Die zuständige Kontrollbehörde *Roskomnadsor* rüstete technisch auf und hat bis Anfang 2021 mehr als 420 000 Webseiten blockiert.

Trotzdem bleibt das Internet vorerst mediale Freiheitszone und Achillesferse der staatlichen Medienkontrolle. Niemand zeigt das wohl eindrucksvoller als der Politikaktivist *Alexej Nawalnyj.* Die Videos seiner *Stiftung zum Kampf gegen Korruption* werden auf YouTube viele Millionen Mal angeklickt, sein Film über *Putins Palast* sogar über 100 Millionen Mal. Sein (vor der Vergiftung im Sommer 2020) wöchentlicher Video-Podcast erreichte regelmäßig ein Millionenpublikum. Auch mit Hilfe des Internets hat *Nawalnyj* eine landesweite und schlagkräftige politische Organisation aufgebaut. Ein anderes Beispiel ist der Videoblogger *Jurij Dud,* der am Ende der 2010er Jahre mit Filmen über die *Gulag*-Hölle der *Kolyma,* über das Drama der HIV-Epidemie in Russland oder mit zahlreichen Interviews, darunter mit *Alexej* und *Julia Nawalnyj,* zum landesweit bekannten Starjournalisten aufgestiegen war. Hinzu kommt eine fast unüberschaubare Zahl von immer neuen Internetjournalen, investigativen Webprojekten und Diskussionsforen, oft auf den großen internationalen Plattformen und sozialen Netzwerken.

Da der russische Staat bisher nur begrenzten Zugriff auf die über YouTube, Twitter oder Instagram verbreiteten Inhalte hat, begann er bereits Ende der 2000er Jahre damit, die technischen Voraussetzungen für eine Trennung des Landes vom weltweiten Internet zu schaffen, ohne dass die auch in Russland von einem funktionierenden Netz längst abhängige Infrastruktur von Behörden, Krankenhäusern, Bildungseinrichtungen und Wirtschaft zusammenbricht. Diese Anstrengungen wurden in den vergangenen Jahren erheblich intensiviert. Laut Präsident Putin ist dieses Ziel Ende 2020 erreicht worden. Zwar gebe es keine konkreten Pläne für eine Abschaltung, sagte er im Frühjahr 2021, aber *wenn nötig*, sei man dazu bereit.

Gleichzeitig hat der Druck auf unabhängige Journalistinnen und Journalisten zugenommen. Für sie war Russland immer ein gefährliches Land. Seit seiner Unabhängigkeit Ende 1991 wurden über 350 Journalistinnen und Journalisten ermordet. Die bekannteste dürfte die *Nowaja-Gaseta*-Reporterin *Anna Politkowskaja* sein. Sie wurde 2006, an Wladimir Putins Geburtstag, in ihrem Haus am Rande der Moskauer Innenstadt erschossen. Die Drahtzieher des Mordes sind bis heute nicht bekannt, werden aber im Tschetschenien des Putin-Getreuen *Ramsam Kadyrow* vermutet. Anfang 2021 zählte *Reporter ohne Grenzen* acht in Russland wegen ihrer Tätigkeit inhaftierte Journalisten. Seit Ende 2020 können Journalisten, aber auch Blogger und Nichtregierungsorganisationen zu *ausländischen Agenten* erklärt und damit in ihrer Arbeit behindert werden. Im April 2021 erklärte das Justizministerium das populärste russische Informationsmedium *Meduza* zum *ausländischen Agenten* und entzog ihm so die auf Werbung basierende wirtschaftliche Grundlage.

Wie die Gesellschaft insgesamt, ist auch die Presse Russlands, die Journalistinnen und Journalisten eingeschlossen, geteilt in *kremlnahe* und *oppositionelle* Medien. Wenn die Chefin des Auslandssenders *RT*, *Margarita Simonjan*, davon spricht, dass sie an erster Stelle *Patriotin* sei und erst an zweiter Journalistin, dann gibt sie damit sowohl die offizielle Sicht der Aufgabe von Pressevertretern als auch eine weit verbreitete Auffassung der Bevölkerung wieder. Die aus der Sowjetunion übernommene Abkürzung *SMI* für Masseninformationsmittel beschreibt also heute wieder die realen Verhältnisse. Viele junge, engagierte und professionelle Journalistinnen und Journalisten geben trotzdem die Hoffnung nicht auf, dass die Zwischenzeit relativer Pressefreiheit weder folgenlos noch vergeblich war.

20. Mat. Tabu und Vergnügen

Viele Menschen in Russland erinnern sich, dass die Sprecherinnen in der sowjetischen Hauptnachrichtensendung *Wremja* (Zeit) immer dann erröteten, wenn sie den Namen des 1989 gestorbenen chinesischen KP-Chefs *Hu Yaobang* aussprechen mussten. Der Grund: Die ersten drei Buchstaben seines Namens, H, U und Y, ergeben ein Wort der Vulgärsprache *mat*, das, in äußerst grober Form, das männliche Glied bezeichnet. Kein Wunder, dass die Nachrichtensprecherinnen sich wanden und bei aller Professionalität ihre Scham nicht verbergen konnten. Denn *mat* ist nicht nur unanständig, es ist in der Öffentlichkeit schlicht tabu. Gleichzeitig gibt es wohl kaum ein Tabu, das in Russland so oft und mit so großem Vergnügen gebrochen wird.

Mat gehört sich nicht, ist aber allgegenwärtig. Ein bisschen wie Sex, über den eine Ministerin, wie die Legende wissen will, in den 1980er Jahren einmal gesagt haben soll, es gebe ihn in der Sowjetunion nicht. Tatsächlich hatte eine Frau aus dem Studiopublikum gesagt, es gebe keinen Sex, sondern Liebe und damit, sicher unfreiwillig, auch über das Tabu von *mat* gesprochen. Denn Sex und *mat* haben vieles gemein. *Mat* wird aus nur vier Schlüsselbegriffen gebildet, die alle etwas mit Sex zu tun haben. Zwei, *chuj* und *pisda*, bezeichnen in äußerst vulgärer Form das männliche und das weibliche Geschlechtsorgan, ein drittes, *jebat*, den Geschlechtsakt und das vierte, *bljad*, eine Prostituierte. Aus diesen vier Worten lassen sich im Russischen, einer extrem flexiblen und erfindungsreichen Sprache, ohne große Mühe

Verben, Adjektive, Adverbien, Partizipien oder auch Präpositionen bilden. Ein Witz aus der Sowjetzeit verdeutlicht das:

Eine Forschungsgruppe der Akademie der Wissenschaften soll herausfinden, in welcher Stadt am häufigsten in *mat* geflucht wird. Die Recherche beginnt in Leningrad. Dort hat jedes zehnte gesprochene Wort einen *Mat*-Stamm. In Moskau ist es schon jedes fünfte, in Kiew sogar jedes dritte. Dann kommen die Forscher mit dem Zug in der Schwarzmeerhafenstadt Odessa an. Sie steigen aus und rufen einen Kofferträger. Auf die Bitte, ihr zahlreiches Gepäck auf den Bahnhofsvorplatz zu bringen, antwortet der Mann mit einem langen und grammatikalisch vollendeten Satz, in dem jedes einzelne Wort von *chuj*, *Schwanz*, abgeleitet ist. Für alle des Russischen Mächtigen leicht verständlich, beschwert sich der Mann über zu viele und zu schwere Gepäckstücke für zu wenige Kofferträger und zu wenig Geld.

Woher *mat* stammt, bleibt im Dunkeln. Lange dachte man, es bestehe aus alltäglichen, von den tatarischen Eroberern im 13. und 14. Jahrhundert übernommenen Wörtern, die man in Schimpfwörter verwandelt hatte. Ihre abschätzige Bedeutung hätten sie danach deshalb erhalten, weil das sogenannte *Tatarenjoch* als eine der finstersten Episoden der russischen Geschichte gilt. Heute herrscht unter Linguisten Einigkeit, dass man nichts Genaues weiß.

In früheren Zeiten konnten *Mat*-Virtuosen wie der Kofferträger von Odessa noch mit Anerkennung rechnen. Von Zar Peter I. ist ein *Mat*-Satz mit mehr als hundert Wörtern überliefert. Aus seiner Zeit stammt auch die Redewendung *materitsja wkusno*, etwa *lecker in mat fluchen* oder auch *geschmackvoll in mat fluchen*. Das reflexive Verb *materitsja*, *in mat fluchen*, zeugt von der Sonderstellung der Vulgärsprache, denn es wird nur für Flüche in *mat* benutzt. Für alle anderen russischen Kraftausdrücke gibt es ein anderes Verb. Die Tabuisierung von *mat* fand im 19. Jahrhundert statt und war wohl Teil von Verstädterungs- und Verbürgerlichungsprozessen. Noch Anfang des 20. Jahrhunderts nannte der bekannte Philosoph *Michail Bachtin mat* ein *fröhliches Fluchen*. Bald darauf ist es mit dem Geschmack und der Fröhlichkeit jedoch vorbei.

Bereits Ende des 19. Jahrhunderts erklärte die orthodoxe Kirche das Fluchen in *mat* zur beichtpflichtigen Sünde. Auch der Staat verbot das öffentliche Fluchen. Und so wurde es gesellschaftlich geächtet. Wer auf gutes Benehmen achtete, benutzte die Schimpfworte nicht mehr in der Öffentlichkeit. Und wer es doch tat, hatte sich künftig zu schämen, während alle anderen sich peinlich berührt abwandten. *Mat* wurde zu dem Tabu, das es heute (noch) ist. Aber das Verruchte, das Verbotene gewinnt an Anziehungskraft. Öffentlicher *Mat*-Gebrauch wurde zu einem Akt des Auflehnens, einer fast schon anarchischen Rebellion. Man konnte auffallen, anecken und angeben, was für ein toller Kerl man war. Ich schreibe hier bewusst von Männern, denn mit *mat* verhält es sich ein bisschen wie mit dem vorehelichen Sex: Während sich Männer damit *die Hörner abstoßen* können, werden Frauen zu *Flittchen*. Trotz inzwischen liberalerer Sexualmoral ist das in Russland noch heute so: Eine öffentlich *mat* benutzende Frau schockiert weit mehr als ein Mann.

Wenn hier bisher von Öffentlichkeit die Rede war, ist selbstverständlich eine bürgerlich-gebildete gemeint. Aber auch jede Öffentlichkeit, in die sich der Staat einmischt, wie zum Beispiel bei den Medien. Seit 2007 steht jede Form des öffentlichen Fluchens unter Strafe. Flucht jemand im Fernsehen, im Radio oder in Zeitungsartikeln, werden nicht nur die Urheber bestraft, sondern auch die Sender oder Verlagshäuser. Das reicht von Verwarnungen über mitunter empfindlich hohe Geldstrafen bis zu Lizenzentzug und Schließung. In Filmen, im Radio oder im Fernsehen werden Flüche mit einem Ton überblendet. Im Alltag und im Privatleben gelten andere Regeln. Im Prinzip ist Fluchen zwar auch hier tabu. Dennoch hat es kaum abgenommen. Man hört es vor allem auf der Straße und in allen männerdominierten Berufen, wie auf Baustellen, in Industriebetrieben, bei der Armee und der Polizei. Sollte es Menschen in Russland geben, die nie in ihrem Leben *mat* geflucht haben, nicht einmal in Gedanken, dann wird man sie getrost als eine Rarität bezeichnen können.

Wie behelfen sich alle anderen? Einen Ausweg bieten Verballhornungen, die die *Mat*-Herkunft ausreichend verschleiern, nicht aber ihren Sinn. Wie der deutsche *Scheibenkleister*. Es gibt sie zuhauf. Eine der bekanntesten ist *blin*, also eigentlich: *Pfannkuchen*. Wenn aber jemand in einem nicht kulinarischen Kontext *blin* verwendet, verstehen alle, dass hier geflucht wird und zwar mit dem *Mat*-Ausdruck für eine Prostituierte, der auch mit *bl...* anfängt. Das gilt zwar ebenfalls als unanständig, ist aber, wenn es nicht gerade auf einem Podium oder in einer Fernsehsendung geschieht, tolerabel. Es geht sogar noch lakonischer: Wer lediglich den Anfangsbuchstaben des Wortes für Geschlechtsverkehr verwendet, also ein ё, ausgesprochen *jo*, wird auch verstanden. *Jo-ma-jo* kann, je nach Betonung und Aussprache, vieles bedeuten, Anerkennung, Erschrecken, Verwunderung, Überraschung, Vorfreude. Der *blin* erlangte übrigens im Zuge der Monica-Lewinsky-Affäre besondere Popularität, als der Volksmund US-Präsident Bill Clinton flugs zu *Blin* Clinton umbenannte.

Womit wir wieder bei den Herrschern und einer weiteren Doppelzüngigkeit im Umgang mit *mat* wären. Bei aller Tabuisierung gibt es noch immer eine versteckte Faszination für diejenigen, die *lecker fluchen* können. Und sie ist Teil der gängigen Vorstellung, wie echte, vor allem mächtige Männer sein sollten. Stalin, so wird, meist anerkennend, erzählt, soll seine Umgebung oft und eindringlich mit einem virtuosen Schwall von *mat* eingeschüchtert haben. Auch die Tiraden des Eroberers von Berlin und Weltkriegshelden *Marschall Georgi Schukow* waren so berüchtigt wie gefürchtet. Den ersten russischen Präsidenten Boris Jelzin verpflichtete allein seine Volksnähe zum ausgiebigen *Mat*-Gebrauch. Und sein Nachfolger Wladimir Putin unterstreicht sein Macho-Image nicht nur mit Bildern seines trainierten und nackten Oberkörpers, sondern auch mit öffentlichen *Mutterfluch*-Anspielungen, lässt sich dabei aber nie mit einem echten *mat* erwischen. Trotzdem zweifelt niemand daran, dass er *mat* perfekt beherrscht und auch entsprechend flucht, *wenn nötig*. Außenminister Sergej Lawrow gewann in Umfragen deutlich an Popularität, nachdem er im Sommer 2020 grob *in mat* fluchend über westliche Politiker herzog, während das Mikrofon noch angeschaltet war. Ein Schelm, wer denkt, das wäre ein Versehen gewesen. Michail Gorbatschow dagegen hat sich, zumindest öffentlich, immer zurückgehalten. In Russland gilt er als hochnäsig, volksfern und schwach. Kein sowjetischer oder russischer Führer des 20. Jahrhunderts ist so unpopulär wie er.

Mat ist auch eine Fundgrube für Literaten. Vor allem für die Wichtigsten und Beliebtesten. Von Alexander Puschkin, *dem* Giganten oder Goethe der russischen Dichtung, *unserem Ein und Alles*, sind zahlreiche Gedichte überliefert, die in sprachlicher Schönheit und höchster Eleganz *mat* umspielen. *Sergej Jesenin*, ein anderer Virtuose der russischen Sprache, hat 100 Jahre später, Anfang des 20. Jahrhunderts, eine *Mat*-Parodie auf Puschkins Gedicht *Eugen Onegin* geschrieben.

Nach dem Tod Stalins, als Kritik und Normabweichung nicht mehr tödlich sein mussten, diente *mat* mitunter dazu, sich vom staatlich vorgegebenen und kontrollierten Mainstream abzusetzen, ohne gleich politisch zu werden. *Mat* öffentlich zu benutzen war ein vorsichtiges und ein wenig augenzwinkerndes Nicht-einverstanden-Sein. Es war ambivalent genug, als Protest wahrgenommen zu werden, ohne den Rückzug zu versperren wie offener politischer Protest.

Es gibt zahlreiche Schriftsteller, deren Werke in der Sowjetunion verboten oder nur teilweise oder zensiert erscheinen konnten, (auch) weil sie *Mutterflüche* enthielten. Die heute noch bekanntesten sind wohl *Wenedikt Jerofejew* mit seinem Trinkerpoem *Die Reise nach Petuschki* und der Leningrader Undergroundschriftsteller *Sergej Dowlatow*. Wer weniger mutig war, begnügte sich mit den Anfangsbuchstaben vulgärer Begriffe oder anderen Andeutungen, die weniger verbargen als vielmehr sofort enthüllten, was gemeint war.

Das aktuelle staatliche Verbot hat die beginnende Enttabuisierung verlangsamen, aber nicht stoppen können. Dazu haben Künstler wie *Sergej Schnurow*, Gründer und Anführer der Ska-Band *Leningrad*, entscheidend beigetragen. Die Gruppe war die erste russische Undergroundband, die es regelmäßig in die russischen Charts schaffte, obwohl viele ihrer populärsten Stücke wegen des exzessiven *Mat*-Gebrauchs nicht radiotauglich waren. Niemand flucht *mat* heute *leckerer* als *Schnurow*. Er singt in oft berückender Zärtlichkeit von Liebe und bricht diese gleichzeitig mit Stakkato-Ska-Takten und seiner rauen Säuferstimme. Trotzdem, vielleicht sogar gerade deshalb kann er heute mit Putin an einem Tisch sitzen und morgen einen oppositionellen Aufruf unterschreiben, ohne es sich mit einer der beiden Seiten zu verscherzen. In der streng in Putin-Anhänger und Putin-Gegner gespaltenen russischen Öffentlichkeit ist das eine sehr seltene Gabe.

Im Alltag ist der Gebrauch von *mat* weiterhin so üblich, dass kaum jemand davon völlig frei ist. Selbst Menschen, die darauf bedacht sind, *mat* niemals öffentlich zu verwenden, entweicht mitunter der ein oder andere Begriff, vor allem in emotionalen Momenten. Selbst ich, wahrlich kein Muttersprachler, fluche von Zeit zu Zeit, meist in Gedanken, mitunter aber auch mal laut. *Mat* ist einfach zu praktisch. Eine inzwischen nach Israel ausgewanderte Bekannte erzählte, dass sie ihre dort aufgewachsene Tochter im Teenageralter, die im Alltag Hebräisch, in der Familie aber Russisch spricht, fragte, ob sie denn wisse, was *blin* bedeute. Na klar, war die Antwort, das sage man immer, wenn einem etwas runterfalle.

21. Na pososchok. Das letzte Glas

Es muss im Frühjahr 1992 gewesen sein. Freunde hatten eine neue Wohnung zugeteilt bekommen. Zu dritt sollten sie aus ihrem kleinen Zimmer in einer *kommunalka* in eine geräumige, nagelneue Drei-Zimmer-Wohnung ziehen. Eine Einweihungsparty musste her. Doch die Zeiten waren karg. Die Gehälter wurden von der Inflation aufgefressen, während die Geschäfte, auch die Lebensmittelläden, sich zusehends leerten. Bis heute wird darüber gestritten, ob es eine echte Lebensmittelknappheit gab oder die Großhändler viele Waren aufgrund von Gerüchten über eine bevorstehende Preisfreigabe lediglich zurückhielten. Durch beides, Geld- und Warenknappheit, wuchs mir als Ausländer plötzlich die Rolle eines Sponsors zu. Meine D-Mark ließ sich auf dem Schwarzmarkt in so unverhältnismäßig viele Rubel tauschen, dass 20 DM leicht den Monatslohn einer Lehrerin aufwogen. Die damals noch staatlichen Geschäfte waren zwar weitgehend leer, aber auf den *Kolchos-Märkten*, auf denen Bauern ihre in kleinen, privaten Gärten angebauten Produkte direkt verkaufen durften, zauberte schon der Anblick der D-Mark ungeahnte Vorräte unter der Verkaufstheke hervor. Für Essen war also gesorgt. Aber etwas anderes, zum Feiern Notwendiges gab es dort nicht: Wodka. Also wurde ich noch einmal losgeschickt, die umliegenden Lebensmittelläden abzuklappern. Im dritten oder vierten wurde ich, zwischen sonst weitgehend leeren Regalen und gelangweilten Verkäuferinnen, fündig. Einige Flaschen Wodka und Bier wechselten den Besitzer.

Vor der Tür des Ladens sprach mich ein untersetzter, vielleicht vierzig Jahre alter Mann an. Freundlich hielt er eine Flasche Wodka und drei Gläser hoch, wies auf einen zweiten Mann und fragte mich etwas, das ich angesichts meiner damals noch sehr mäßigen Russischkenntnisse nicht verstand. Nach einigem Hin und Her begriff ich immerhin, dass ich gefragt wurde, ob ich nicht *der Dritte* sein wolle. Doch mir war das Ganze nicht geheuer. Ich verabschiedete mich höflich, so gut es ging, und lief mit meiner Beute nach Hause. Dort löste meine Geschichte herzliches Gelächter aus. Gefahr hatte mir nicht gedroht. Die beiden Männer, wahrscheinlich auf dem Weg von der Arbeit nach Hause, wollten unterwegs noch Wodka trinken, waren aber nur zu zweit, es fehlte *der Dritte*. Zu zweit oder gar allein zu trinken, so erklärten mir meine Freunde, sei kulturlos. Man komme damit leicht in den Ruf, ein Trinker zu sein. Aber zu dritt werde aus dem potenziellen Besäufnis eine fast gesittete Angelegenheit, kurz: ein gesellschaftliches Ereignis. Ein wenig Aberglaube dürfte auch im Spiel gewesen sein.

Eine andere Lektion in russischen Trinksitten hatte ich zuvor schon gelernt: Ohne einen Toast, und sei er auch noch so lakonisch, geht gar nichts. Alkohol zu trinken, soll es nicht ausarten, muss einen höheren Zweck haben als nur betrunken zu werden. Der Toast adelt den Schluck. Diese Regel ist so unumstößlich, dass sie mir längst in Fleisch und Blut übergegangen ist. In Deutschland schaue ich inzwischen immer etwas verwirrt in die Runde, wenn alle schon genippt oder ausgetrunken haben, während ich noch auf den Trinkspruch warte. Das Toasten ist eng mit dem Wodkatrinken verbunden. Das Glas muss in einem Zug *do dna, bis auf den Grund* ausgetrunken werden, damit der Toast gilt.

Es gibt noch eine zweite Unart, die dazu führen kann, des Saufens verdächtigt zu werden: Wodka zu trinken ohne sofort danach etwas zu essen. In einem russischen Haushalt oder auch im Restaurant wird der Wodka so gut wie immer mit kleinen Happen, den *sakuski*, angeboten. *Sakuski* heißen eigentlich die Vorspeisen (siehe Kapitel *Borschtsch*). Hier werden sie zu *Nachbissen*. Das Russische erlaubt, aus dem Substantiv ein eigenes Verb zu machen: *sakusyvat*, eben etwa: nachbeißen, das nur in diesem Zusammenhang benutzt wird. Das kann ein Apfel sein. Oder eine Gurke. Oder sauer Eingelegtes. Eigentlich ist egal, was es ist. Es gibt auch Leute, die Schokolade zum Wodka bevorzugen. Kein Problem. Die Geschmäcker sind halt verschieden. Traditionell ist es aber Brot. Übrigens wird beim Leichenschmaus ein volles Wodkaglas an die Stelle gestellt, an der die oder der Verstorbene sitzen würde, und quer darüber eine Scheibe Brot gelegt. *Sakusyvat* mit Brot ist eine eigene Kunst. Zuerst wird ausgeatmet und die Luft angehalten. Dann getrunken. Man atmet durchs Brot ein, bevor nachgebissen wird. In Filmen (live habe ich das nie erlebt) sieht man noch eine andere Variante. Da riechen Männer (komischerweise nie Frauen) nicht an einer Scheibe Brot, sondern an ihrer Achsel. Ich muss zugeben, dass meine Assimilation so weit nicht geht.

Russland ist zweifellos Wodkaland. Über lange Zeit war Wodka *das* dominierende alkoholische Getränk, das Volksgetränk. Erstmals schriftlich wurde er 1405 erwähnt, ausgerechnet in Polen. Der Streit, wer den Wodka erfunden hat, beunruhigt Patrioten in Russland und Polen bis heute. Klären wird man das wohl niemals können. Am wahrscheinlichsten dürfte sein, dass ähnliche hochprozentige Getränke in vielen Gegenden in Mittel-, Nord- und Osteuropa hergestellt wurden. Irgendwann flossen sie dann in dem zusammen, was in den slawischen Gebieten *Wodka, Wässerchen,* genannt wird. Der damalige mittelalterliche Wodka hatte wohl um die 20 Prozent Alkoholgehalt.

Zu Beginn der Neuzeit wurde Wodka dann zur Staatsaffäre und ist es bis heute geblieben. Vom 16. bis zum 18. Jahrhundert durfte Wodka im Moskauer Reich nur in vom Zaren lizenzierten Tavernen verkauft werden. Peter I., im Ausland meist *der Große* genannt, gab Anfang des 18. Jahrhunderts den Wodkaverkauf zwar frei, erhob darauf aber Steuern. Der Grund dürften seine vielen Kriege gewesen sein. Die Expansion seines Staates zu einem Imperium musste finanziert werden, und Wodka wurde, neben dem Pelzexport (siehe Kapitel *Sibirien*), zu einer der wichtigsten Einnahmequellen. Nur die Art, wie diese Steuern eingetrieben wurden, änderte sich. Die deutsche Zarin Katharina II., Witwe von Peters Enkel Peter III., kassierte rund 50 Jahre später diese Wodkafreiheit zugunsten des Adels und spezieller Staatsunternehmen wieder ein. Im 19. Jahrhundert wurde die Wodkaproduktion schließlich Staatsmonopol.

Bei Ausbruch des Ersten Weltkrieges 1914 verbot Zar Nikolaus II. den Ausschank und Verkauf von Wodka, was zu einem Einbruch der Staatseinnahmen um ein Drittel führte. Auch der Kampfmoral der russischen Soldaten war die im Russischen *suchoj sakon, trockenes Gesetz* genannte Prohibition nicht zuträglich. Beim Sturm auf den Winterpalast des Zaren in St. Petersburg im Oktober 1917 wurden auch dessen Alkoholvorräte geplündert (allerdings vorwiegend Wein). Die frühen *Bolschewiki* waren dagegen recht asketisch gesinnt. Sie hatten sich der Erziehung des Volkes zu einem guten und gesunden Leben verschrieben. Also hielten sie am

Verbot sowohl von Produktion als auch Verkauf aller alkoholischen Getränke fest. Lange ging das aber nicht gut. Schon 1925, der junge sowjetische Staat brauchte dringend Geld, hob man das Verbot im Zuge der liberalen *Neuen Ökonomischen Politik* wieder auf. Wodka als Gelddruckmaschine und als Menschenfresser, dieser Widerspruch prägt die Alkoholpolitik ja nicht nur in Russland. Allerdings waren wohl kaum irgendwo auf der Welt die Folgen des Alkoholkonsums so groß und die Einnahmen so hoch. *Sonja Margolina* beschreibt beides eindrücklich in ihrem Essay *Wodka. Trinken und Macht in Russland.*

Im Zweiten Weltkrieg half der Wodka beim Sieg über die Angst und damit über die deutschen Angreifer. Jeder Frontsoldat hatte ein Recht auf seine täglichen *100-Front-Gramm* Wodka, die meist vor Attacken ausgegeben wurden. Erfahrene Soldaten bewahrten sie sich aber für später auf. Ein nüchterner Kopf erhöhte die Überlebenswahrscheinlichkeit. Sowohl die Menge 100 als auch die Gewichtseinheit Gramm als Maß für hochprozentige Getränke gehen wohl auf den russischen Chemiker *Dmitri Mendelejew* zurück, der im 19. Jahrhundert das Periodensystem der Elemente entwickelte. *Mendelejew* legte fest, dass Wodka 40 Volumenprozente Alkohol enthalten muss. Die *stopka*, das traditionelle russische Wodkaglas, fasste 100 Milliliter. Bis heute werden Spirituosen in Russland in Gramm und nicht in Litern gemessen. Die *100 Gramm* weisen darauf hin, dass die Vorstellungen über eine angemessene Menge Wodka in Russland und in Mitteleuropa auseinandergehen. Getränkekarten in Bars oder Restaurants weisen als Kleinstmenge heute meist 50 Gramm aus. Die Restaurationen sind aber darauf vorbereitet, auch größere Mengen in Karaffen zu servieren. Der 2-cl-Standard für Schnapsgläser in westlichen Gaststätten ruft unter Russinnen und Russen Verwunderung hervor und die Frage, was denn mit einer solch kleinen Menge überhaupt anzufangen sei.

Michail Gorbatschow unternahm 1985 den bisher letzten Versuch, Volk und Wodka in Russland zu entzweien, indem er dessen Herstellung und Verkauf stark einschränken ließ. Grund war erneut, richtigerweise, die Volksgesundheit. Erfolg hatte aber auch er nicht. Viele private Küchen verwandelten sich schnell in kleine Chemielabore. In selbstgebauten Brennapparaten gluckerte *samagon*, Selbstgebrannter. Schlechtester Fusel flutete in kurzer Zeit das Land und die Zahl der Alkoholvergiftungen nahm rapide zu. Gorbatschow, gerade erst Generalsekretär geworden, wurde vom Volksmund flugs in *Mineralsekretär* umbenannt. Bis heute ist vielen Gorbatschow auch wegen seiner Antialkoholkampagne in besonders schlechter Erinnerung. Zu Unrecht. Er stand mit seinem Kampf gegen die Trinkerei in einer langen Reihe russischer Staatslenker. Sein Vorvorgänger Jurij Andropow, ein kaum liberaler Ideen verdächtiger ehemaliger KGB-Chef, auf den heute viele Sowjetnostalgiker fast sehnsüchtig zurückblicken, hatte ähnliche Versuche unternommen, aber schnell wieder eingestellt.

Heute gibt es mehrere Tausend Wodkamarken in Russland. Er darf aus Kartoffeln, Getreide und allenfalls noch aus Melasse hergestellt werden. Als bester Ausgangsstoff gilt Roggen. Er macht den Wodka weich, fast lieblich und ein klein wenig süßlich. Russischer Wodka sollte geschmacksneutral sein und möglichst wenig im Hals kratzen. Dafür wird das Destillat mehrfach gefiltert, um die sogenannten Fuselöle zu entfernen. Eine Reifung nach dem Brennen ist nicht mehr erforderlich. Die komplizierten Filterverfahren sind gut gehütete Geschäftsgeheimnisse. Wegen seiner so erreichten Reinheit hinterlässt guter russischer Wodka kaum einen Kater.

Jeder noch so schöne Abend endet einmal. Dann wird in Russland wahrscheinlich irgendjemand vorschlagen, *na pososchok*, wörtlich *auf das Spazierstöckchen* zu trinken. Die Gläser werden ein letztes Mal gefüllt und es wird *na pososchok* getoastet. Das sollte es dann gewesen sein. Ist es aber oft nicht. Kurze Zeit später erinnert sich jemand daran, dass man schon auf den Aufbruch getrunken hatte, und schlägt vor, nun den letzten *na pososchok* zu trinken. Dann folgt der *allerletzte* und irgendwann, vielleicht, der *wirklich allerletzte*. Abschiede dauern in Russland mitunter sehr lange.

Diese schöne und oft lustige Tradition hat ihre Wurzeln im unwegsamen russischen Mittelalter. Wenn die Gäste aufbrechen wollten, musste der Gastgeber, der Höflichkeit und Gastfreundschaft wegen, alles daransetzen, sie zum Verweilen anzuhalten. Aus der Zeit Iwan IV., des *Schrecklichen*, sind zehn solcher Abschiedstoasts überliefert. *Na pososchok* ist der sechste. Der erste, *sastolnaja*, wurde noch am Tisch auf die Gastgeber getrunken. Der zweite galt dem Verlassen des Tisches. Der dritte wurde auf dem Weg zur Haustür genommen, der vierte beim Übertreten der Schwelle. Der fünfte folgte im Hof, wenn Pferde und Kutschen gebracht wurden. Der sechste war dann *na pososchok*. An den siebten, *stremenaja*, erinnert man sich heute mitunter noch. Er galt dem Fuß in den Steigbügel. Danach folgte der achte schon im Sattel, der neunte beim Ritt oder der Fahrt aus dem Tor und der zehnte, wenn es denn wirklich gelungen war loszufahren. Einen noch tieferen Sinn hatte dieses Abschiedsritual in

Kriegszeiten. Dann wurden die in den wahrscheinlichen Tod ziehenden Männer von Familie und Freunden noch eine Weile auf ihrem Weg begleitet. Aus dieser Zeit ist noch ein weiterer Trinkspruch erhalten, der mir besonders ans Herz geht, der *sabugornaja*, der *Hinter-dem-Hügel*. Von den Liebsten blieb danach nur Hoffnung und Erinnerung.

Selbstverständlich hat der Wodka, oder das Trinken allgemein, auch in der Literatur seine Spuren hinterlassen. Die bekannteste dürfte die nur 160 Seiten lange, längst ikonografische Erzählung *Die Reise nach Petuschki* von *Wenedikt Jerofejew* sein. Für *Jerofejew* war das Trinken Lebensentwurf. Kaum jemand hat wohl mit vollerem Körpereinsatz geschrieben. Er war Hilfsarbeiter und Stauer. Er bohrte für geologische Expeditionen tiefe Löcher in die Erde und arbeite als Wächter in einer Ausnüchterungsstation. Er schaffte auf dem Bau und grub in unterschiedlichen Städten, meist mit dem Spaten, Gräben, um Kommunikationskabel zu verlegen. Später dann begleitete er als Laborant eine Gruppe Parasitenbekämpfer nach Zentralasien und redigierte Referate von Studenten an der Moskauer Staatuniversität. Oder er war als Mann für alles Teil einer meteorologischen Expedition auf die *Kola-Halbinsel* im europäischen Norden Russlands und arbeitete als Wachmann. Vor allem aber trank er und schrieb.

Der lyrische Held der Ich-Erzählung in *Die Reise nach Petuschki* nennt sich *Wenja*, die Koseform von *Wenedikt*. Er ist Alkoholiker, wohlgebildet, nun aber abgestürzt. Am Beginn der Erzählung wacht er nach einer durchzechten Nacht irgendwo im Moskauer Stadtzentrum auf und kann sich an nichts mehr erinnern. Nach einem Schluck *Subrowka*, einem polnischen Wodka, macht sich Wenja auf den Weg. Er will mit der *elektrischtka*, der Vorortbahn, nach Petuschki fahren.

Dort, rund 140 Kilometer östlich von Moskau, warten seine Geliebte und sein dreijähriger Sohn.

Die Fahrt wird zu einem langen Monolog über Alkohol, Philosophie, Geschichte, Kultur und Politik. Von Haltestelle zu Haltestelle trinkt Wenja alles, was Alkohol enthält, darunter Cocktails, die *Silbernes Maiglöckchen* heißen (und die aus dem Parfüm *Weißer Flieder*, Antifußschweißpulver, *Schiguli*-Bier und Lack auf Spiritusbasis bestehen). Oder *Kanaanbalsam* (Brennspiritus, dunkles Bier, Möbelpolitur), oder *Komsomolzenträne* (bestehend aus Lavendelwasser, Eisenkraut, dem Rasierwasser *Fichtennadel*, etwas Nagellack, dem Mundwasser *Elexier* und zum Auffüllen Limonade). Ein Kapitel, ganz am Anfang des Bändchens, besteht aus lediglich vier Worten, die jeder in Russland kennt: *Und ich trank unverzüglich.* Bald darauf schläft Wenja ein. Er halluziniert von einem sphinxartigen Wesen ohne Beine, Schwanz und Kopf. In Petuschki angekommen, wird er von vier Unbekannten bis in einen Hauseingang verfolgt, die ihm mit einer Schusterahle in den Hals stechen. Alles endet mit dem sicher auf das ganze Land bezogenen Satz: *Seither bin ich nicht wieder zu Bewusstsein gekommen und werde es auch nie wieder.*

22. Sagraniza. Jenseits der Grenze

Grenzkontrollen zu passieren gehört zu meinem Alltag. Trotzdem klopft mir jedes Mal das Herz, wenn ich mich dem kleinen Kabuff nähere, in dem eine Person in Uniform darüber entscheiden wird, ob sie mich durchlässt oder nicht. Dabei wurde ich noch nie zurückgewiesen. Dieses Herzklopfen teile ich mit vielen Menschen in Russland. Vielleicht liegt das daran, dass ich an der *Zonengrenze* aufgewachsen bin. Es war eine Grenze mit Stacheldraht, Wachtürmen, Selbstschussanlagen und Minenfeldern. Sie war damals, im Kalten Krieg, die westlichste Grenze des Sowjetreichs, und trennte nicht nur West- von Ostdeutschland, sondern zwei Welten voneinander. Das Grenz-Herzklopfen meldet sich übrigens selbst beim Passieren einer Schengen-Grenze, einer fast unsichtbaren Grenze also, die nur virtuell zu bestehen scheint. So tief sitzt die Furcht.

Russland war die meiste Zeit, aber vor allem im 20. Jahrhundert ein sehr verschlossenes Land. Das Ausland war für die meisten Menschen unerreichbar, das riesige Land war sich selbst genug. An der gesamten, mehr als 60 000 Kilometer langen Grenze der Sowjetunion (einschließlich der Küsten) trennte eine Zone das Kernland vom Ausland. Diese Grenzzone umfasste riesige Gebiete und war mitunter mehr als 1000 Kilometer breit. Ganze Großregionen wie der Ferne Osten, die Nordmeerküste oder das Gebiet Kaliningrad um das ehemalige Königsberg gehörten dazu. Selbst sowjetische Bürgerinnen und Bürger, wenn sie dort nicht lebten, durften nur mit Sondererlaubnis dorthin reisen. Niemand sollte dem

Ausland zu nahe kommen. Für Ausländer war die Grenzzone tabu. *Sagraniza*, hinter der Grenze, *das Ausland*, war Feindesland. Gleichzeitig lauerte dort die Versuchung für die wackeren Sowjetmenschen.

Mit der Perestroika bekam dieser *Schutz- und Trutzwall* langsam Löcher. Nach dem Ende der Sowjetunion brach er völlig zusammen. Erst wurden die strengen Regeln nicht mehr so streng befolgt, 1993 dann die Grenzzonen per Gesetz abgeschafft. Schon ab 1992 brauchte man für eine Reise ins Ausland kein extra Ausreisevisum mehr. Nun reichte der Reisepass. Ins Ausland zu reisen war in nur wenigen Jahren, Revolution in der Revolution, von einem staatlich gewährten Privileg zu einem allgemeinen Recht geworden. Das ist es bis heute.

Aber die Angst, der Staat könne dieses Recht wieder einschränken oder gar ganz aufheben, ist immer da. Bei jeder Verschlechterung der politischen Lage im Inneren oder in den Beziehungen zum Westen taucht sie wie eine Untote wieder auf. Anlass dazu gibt der Staat immer wieder und durchaus bewusst. Zu sicher sollen sich seine Bürgerinnen und Bürger nicht fühlen. Schon im Jahr 2000, direkt nach seinem Amtsantritt, führte Wladimir Putin die Grenzzonen wieder ein, wenn auch etwas schmaler als zu Sowjetzeiten. Kurze Zeit später unterstellte er deren Überwachung erneut dem Geheimdienst.

Die Abgeschlossenheit der Sowjetunion und die fast hysterische Furcht ihrer Herrscher vor Grenzverletzungen haben die heutigen Auffassungen von Grenzen maßgeblich geprägt. Sie haben aber Wurzeln, die weiter in die Geschichte zurückreichen. Schon der mittelalterliche russische Staat schirmte sich und seine Menschen von allem, was außen lag, hermetisch ab. Westliche Hansefahrer durften im 14. und 15. Jahrhundert nur bis ins nordwestliche Nowgorod reisen, direkt an der damals westlichen Grenze des entstehenden russischen Reichs gelegen. Dort gab es ein Hansekontor, über das der Handel abgewickelt werden musste. Erst viel später, etwa ab dem 17. Jahrhundert, wurde Ausländern gestattet, sich in Moskau niederzulassen. Größtenteils waren das Kaufleute, aber auch viele Handwerker. Es begann, was man heute wohl Technologietransfer nennen würde. Spezialisten und Wissen wanderten von Westen nach Osten, Rohstoffe von Osten nach Westen, ein Austausch, der das Verhältnis zwischen Russland und dem Westen bis heute wesentlich prägt. Doch so ganz traute der russische Staat den Ausländern nicht, und wohl auch nicht den eigenen Leuten. Die Fremden mussten in einer Art Getto leben, der *Deutschen Vorstadt*. Peter I. machte hier seine ersten Ausländerbekanntschaften und schloss Freundschaften mit den Fremden, unter denen *Franz Lefort* hervorstach, ein Genfer Kaufmann, der sich mit 18 Jahren von der russischen Armee hatte anwerben lassen. Der Moskauer Stadtteil auf dem Gebiet der einstigen *Deutschen Vorstadt* heißt heute *Lefortowo*. Mit Peter I. beginnt sich Russland nach Westen, *nach Europa*, wie es im Russischen heißt, zu öffnen.

St. Petersburg, auf trocken gelegten Sümpfen am Finnischen Meerbusen errichtet, gilt, nach einem Wort Alexander Puschkins, als Russlands *Fenster nach Europa* – etwa 200 Jahre lang, dann kam die Sowjetunion und das Fenster wurde wieder geschlossen. Die *Deutsche Vorstadt* erlebte in Form der *Hauptverwaltung für die Betreuung des diplomatischen Korps* des Außenministeriums eine Wiedergeburt. Alle Ausländer mussten in deren Häuserkomplexen in Moskau ihre Büros haben und dort auch wohnen, von Zäunen und Stacheldraht umringt und rund um die Uhr vom KGB be- und überwacht.

Diesem Misstrauen Ausländern gegenüber entsprach in der Sowjetunion das Misstrauen allen Inländern gegenüber, die Kontakte mit Ausländern oder zum Ausland hatten oder gar bereits einmal dort gewesen waren. Viele sowjetische Kriegsgefangene und Zwangsarbeiter, die die mörderische Zeit in nationalsozialistischer Gefangenschaft überlebt hatten und nach Hause zurückgekehrt waren, hatten oft auch gesehen, wie es sich für Nicht-Gefangene in Mitteleuropa lebte: besser als zu Hause. Außerdem hatten sie beim Feind überlebt. In Stalins Vorstellung konnten sie nur Verräter und Verräterinnen sein. Daher tauschten viele nach ihrer Heimkehr die deutsche Gefangenschaft gegen eine sowjetische Gefangenschaft im *Gulag*. Ein wenn auch weit weniger grausames Echo dieses Misstrauens den eigenen Leuten gegenüber sind die aktuellen Gesetze über sogenannte *ausländische Agenten*. Russen und Russinnen, die mit dem eigenen Staat oder ihrer Führung nicht übereinstimmen, gelten als verdächtig. Kontakte oder gar eine Zusammenarbeit mit dem Ausland machen sie in den Augen des Staates zu potenziellen Verrätern. Ich erinnere mich an die Geschichte eines hohen und allgemein als höchst kompetent gepriesenen Beamten der russischen Regierung, dessen Mutter nach Israel ausgewandert war. Weil er nun Verwandte mit ausländischer Staatsbürgerschaft hatte, wurde ihm nach den Wahlen 2004 die für seinen Posten notwendige Sicherheitsfreigabe vom KGB verweigert und er musste den Staatsdienst verlassen.

Ein weiteres Beispiel dafür, wie die äußere, staatliche Grenze sich in inneren Grenzen widerspiegelt, sind die *geschlossenen Städte*, die oft weit entfernt von den großen

Zentren liegen. Sie entstanden mit dem sowjetischen Atomprogramm während des Zweiten Weltkriegs. Später kamen Städte und Siedlungen hinzu, in denen am Weltraumprogramm geforscht und im wahrsten Sinne geschraubt wurde. Insgesamt waren das zum Ende der Sowjetunion mehr als 100 Städte. Sie waren von der Außenwelt durch Zäune und Stacheldraht getrennt und nur für ihre Bewohner über sogenannte *kontrolno-propusknye punkty (KPP)*, Kontroll- und Durchgangspunkte, zugänglich. *KPP* ist ein weiterer aus dem russischen Amtsjargon in die Alltagssprache übergegangener Begriff. So werden die Grenzkontrollpunkte an der Staatsgrenze oder auf Flughäfen genannt, aber auch die bewachten Einfahrten in Kasernen und Militärgelände oder zum Beispiel die Eingänge zu Polizeiwachen in Verwaltungsgebäuden.

Gut 100 000 Grenzsoldaten bewachen derzeit die russischen Grenzen. Daneben gibt es noch knapp eine Million Polizistinnen und Polizisten, rund 350 000 Geheimdienstmitarbeiter und etwa ebenso viele Nationalgardisten. Das riesige Überwachungsheer komplettieren, neben einer Reihe kleinerer Dienste, rund 1,5 Millionen Wachleute in privaten Sicherheitsfirmen, die meisten von ihnen Militärveteranen. Das sind, ohne Armeeangehörige, gut zehn Prozent der männlichen Arbeitsbevölkerung.

Die *geschlossenen Städte* waren zudem geheim, das heißt sie waren auf keiner Landkarte verzeichnet. Bevor es Satelliten gab, wussten auch westliche Geheimdienste nur wenig über sie. Der erste sowjetische Reaktor stand in *Osjorsk* im Südural. 1945 gegründet, trug *Osjorsk* den Tarnnamen *Tscheljabinsk-40*, benannt nach der nahegelegenen Millionenstadt. Noch heute wird hier ein großer Teil des russischen Waffenurans produziert. Die wohl größte Atomkatastrophe vor Tschernobyl ereignete sich in *Osjorsk*. Die Explosion eines Atomabfallbeckens verseuchte 1957 mehr als 20 000 Quadratkilometer.

Nach dem Ende der Sowjetunion, in der Zeit der großen Offenheit in den 1990er Jahren, wurden alle *geschlossenen Städte* bis auf elf Atomstädte (unter ihnen *Osjorsk*) geöffnet. Nun konnten diese, mit einer nicht allzu schwer zu erlangenden Genehmigung, sogar von Ausländern besucht werden. Das hat sich unter Wladimir Putin schnell wieder geändert. Heute gibt es erneut 38 *geschlossene Städte*. Für Ausländer ist es fast unmöglich, dorthin zu gelangen. Selbst Inländer brauchen, wenn sie dort nicht gemeldet sind, einen speziellen Passierschein, der auch für nahe Verwandte der Bewohner schwierig zu erhalten ist. Ein knappes Prozent der Menschen in Russland lebt inzwischen wieder hinter Stacheldraht. Die meisten klagen nicht darüber, denn die geschlossenen Städte werden privilegiert finanziert. Die Gehälter sind höher als im Landesdurchschnitt. Die Gegenden werden stark bewacht, daher ist die Kriminalitätsrate erheblich geringer als im übrigen Teil des Landes. Auch hier zeigt sich, dass Offenheit und Freiheit in Russland aufgrund der Erfahrungen in den 1990er Jahren in den Erinnerungen und Vorstellungen vieler Menschen vor allem mit sozialem Abstieg, Kriminalität und Unsicherheit in Verbindung gebracht werden. Kontrolle und Abgeschlossenheit erscheinen dagegen vielen als Garanten für Sicherheit und Wohlbefinden.

Gleichzeitig wird der Kreml unter Putin seit vielen Jahren nicht müde, das Land, wie schon so oft in der russischen Geschichte, als eine belagerte Festung darzustellen: Wir hier drinnen müssen wachsam sein und zusammenhalten, weil alle da draußen uns Böses wollen. In dieser Vorstellung ziehen sich um den Kreml als Zentrum viele zu befestigende und verteidigende Fronten wie konzentrische Kreise. Erst der berühmte *Gartenring* um die Moskauer Innenstadt. Dann die Ringautobahn. In rund 100 Kilometer Entfernung eine *Betonka* genannte Ringstraße, die in den 1970er Jahren gebaut wurde, damit auf ihr Panzer zur Verteidigung von Moskau fahren können. Weiter draußen verläuft die russische Staatsgrenze, um die herum der Kreml die russischen Nachbarstaaten zu kontrollieren versucht. Dass dies im Fall der Ukraine zum umgekehrten Ergebnis geführt hat, wird dann im Zirkelschluss als Beweis der Belagerungsthese verstanden. Diesem staatlichen Sicherheitsdenken wird inzwischen wieder (fast) alles andere untergeordnet.

Die hermetisch geschlossene Grenze weckte aber auch in der Sowjetunion die Neugier nach dem, was hinter ihr liegt. So wurde *sagraniza* zu einem mythischen Ort. Je nachdem, wie sehr oder wie wenig sie von der sowjetischen Ideologie überzeugt waren, vermuteten die Menschen hinter der Grenze die Hölle oder das Paradies. Je länger die Sowjetunion dauerte, umso mehr Menschen neigten allerdings dazu, an ein Paradies zu glauben. Als die Grenze dann endlich geöffnet wurde, war die Enttäuschung oft groß. Der real existierende Kapitalismus war zwar viel freier und, zumindest im Westen, auch viel reicher, er war sauberer und aufgeräumter, aber er war eben nicht so perfekt, wie sich das viele in ihrem Überdruss an der eigenen eingegrenzten Wirklichkeit vorgestellt hatten. Mit der Öffnung der Grenzen konnten nicht nur die Russinnen und Russen ins Ausland reisen. Das Ausland kam auch ins Land. Vor allem waren die Möglichkeiten der Freiheit eng mit der Gefahr eines tiefen Falls verbunden.

Die von vielen ersehnte Freiheit erwies sich anfangs, auch aufgrund der allgemeinen Unerfahrenheit mit ihr, vor allem als Freiheit der Stärkeren, der Schnelleren und der Skrupelloseren. Sie übernahmen Staat und Wirtschaft. Der Staat zog sich zurück und kam seiner Fürsorgepflicht gegenüber Schwächeren, Älteren und Kranken kaum mehr nach.

Seit mehr als 30 Jahren ist die russische Grenze nun schon durchlässig. *Im Prinzip* (siehe dazu das gleichnamige Kapitel) kann seither jeder Russe und jede Russin ins Ausland reisen und zurückkehren, wann und wie oft er oder sie will, und muss niemanden mehr um Erlaubnis fragen. Aus vielerlei Gründen, von denen Geld der wichtigste sein dürfte, ist dennoch eine große Mehrheit der Menschen nie im Ausland gewesen. Nur etwa 30 Prozent der Menschen besitzen überhaupt einen Reisepass, der inzwischen bei jeder Auslandsreise außer nach Belarus benötigt wird. Seit einiger Zeit werden immer mehr Staatsbediensteten, vor allem aus den Sicherheitsdiensten, also Geheimdienstmitarbeitern, Polizisten, Soldaten oder in der Rüstungsindustrie Beschäftigten, Auslandsreisen verboten. Trotzdem haben die inzwischen drei Jahrzehnte lang prinzipiell offenen Grenzen die russische Gesellschaft verändert. Sie ist, im Großen und Ganzen, aufgeschlossener geworden und weniger provinziell. Vor allem für viele junge Menschen sind Auslandsreisen inzwischen selbstverständlich.

Hier soll noch von einem anderen Aspekt der Grenze in der russischen Vorstellung die Rede sein, der *Entgrenzung*. Den oben beschriebenen konzentrischen Verteidigungskreisen entspricht die Unsicherheit, wo die russischen Grenzen überhaupt verlaufen. Wir neigen in der regelbasierten Europäischen Union, und besonders in Deutschland, manchmal dazu zu vergessen, welche große Rolle die Geographie in der Politik auch noch im 21. Jahrhundert spielt. Russland ist aus dem Moskauer Großfürstentum herausgewachsen, das in der riesigen osteuropäischen Tiefebene keine natürlichen Grenzen hatte. Eine Folge davon ist das oben beschriebene ständige Gefühl, als Sicherheitspuffer so viel Land wie möglich zwischen sich und dem potenziell feindlichen Ausland zu bringen. Auch Putin wiederholt ständig die Erzählung vom friedlichen Russland, das in der Geschichte immer wieder überfallen wurde: von den Tataren oder Mongolen aus dem Osten, den Franzosen und Deutschen aus dem Westen sowie den Türken, Engländern und Franzosen im Süden, auf der Krim. Zu der Erzählung gehört auch, dass sich das Land stets, unter großen Anstrengungen und mit erheblichen Verlusten, nur aufgrund seiner großen Einigkeit heldenhaft und siegreich habe verteidigen können.

Mit dem Ende der Sowjetunion lebten plötzlich 25 Millionen Russinnen und Russen nicht mehr in einem von Moskau aus regierten Staat. Viele wurden Staatsbürger anderer, nun unabhängiger Länder, und nicht wenige haben bis heute deren Staatsbürgerschaft nicht angenommen. Oft haben sie aber auch keine russische Staatsbürgerschaft. Aus der Sicht ihrer neuen Heimatländer ist diese (ethnisch) russische Bevölkerung ein koloniales Erbe, das dort nicht selten als eine potenzielle Bedrohung für die eigene Staatlichkeit angesehen wird. In Russland werden sie jedoch *sootechestwenniki*, Landsleute, genannt. Sie sind ein Grund, warum in Russland die Ansicht verbreitet ist, Russland sei überall dort, wo Russen leben. Die politische Entsprechung dieser Vorstellung ist das auch von Wladimir Putin vertretene Konzept einer *Russischen Welt*, die überall zu schützen und verteidigen Aufgabe des russischen Staates sei. Diese Vorstellung basiert auf den imperialen und kolonialen Phantomschmerzen, die der Zerfall der Sowjetunion hinterlassen hat. Da Russland bis 1991 kein moderner Nationalstaat war, es von einer mittelalterlich-dynastischen Herrschaft fast übergangslos zu einem Imperium angewachsen war, ist die Frage, wo Russland heute aufhört, tatsächlich nicht trivial. Der Hinweis auf europäische Verträge, auf den Europarat und die Charta von Paris von 1990, die alle die Unantastbarkeit der heutigen Grenzen festschreiben, ist in diesem Zusammenhang zwar richtig und notwendig, reicht aber als politische Antwort nicht aus. Das Völkerrecht garantiert nationale Selbstbestimmung, gesteht aber auch den Menschen Selbstbestimmungsrechte überall dort zu, wo sie leben. Es sind, neben weiter bestehenden imperialistischen Vorstellungen, auch diese *Landsleute* im Ausland, wegen derer viele Menschen in Russland die derzeitigen Grenzen des Landes als zu eng gezogen betrachten. Das ist eines der großen ungelösten Probleme Europas als Erbe der Sowjetunion und den Russischen Imperiums.

Dank

Kein Buch schreibt sich allein. Ich danke allen, Lebenden wie Toten, die meinen nun schon 28 Jahre währenden Weg in Russland begleitet haben. Jede und jeder hat mir geholfen, das Land ein bisschen besser verstehen zu lernen. Jede und jeder hat mich vor neue Rätsel gestellt.

Sabine Fischer und Hartmut Schröder danke ich für die Mühe, viele Kapitel des Buchs aufmerksam, aber in Freundschaft gelesen und kritisiert zu haben.

Irina Scherbakowa, Wladimir Jelistratow und Anastasija Jegorowa habe ich ganz gezielt um Rat gefragt – und ihn auch bekommen.

Ohne Bernd Rheinberg und Gabriele Woidelko hätte es das Buch vielleicht nie gegeben. Bernd Rheinberg war der Erste, der an meine Idee glaubte, sich Russland über Begriffe zu nähern. Gabriele Woidelko hat mich ermutigt, damit ernst zu machen.

Bernd Martin von der Edition Körber hat die Entstehung des Buches bestimmt und freundlich begleitet und meine mitunter mäandernden Gedanken in einen gradlinigeren Fluss gezwungen.

Alles, was ich über Russland weiß, zu wissen, vor allem aber zu fühlen glaube, muss immer die Prüfung meiner ewigen Opponentin und Frau Jekaterina Schukschina bestehen. Sie fordert mich heraus. Ich liebe sie dafür umso mehr.

Gewidmet ist das Buch meinem Freund Arsenij Roginskij, der das Erscheinen nicht mehr erleben durfte. Ich hoffe, es hätte ihm gefallen.

Literatur

Literatur über Russland gibt es sehr, sehr viel. In vielen gut sortierten Buchhandlungen hat das Land ein eigenes kleines Regal. Hinzu kommen zahlreiche Zeitschriften, Newsletter und Webseiten, die sich mit Russland beschäftigen. Mein Wissen über das Land hat sich auch durch ständige Lektüre Schritt für Schritt, Buch für Buch vergrößert. Ich verzichte darauf, all die Titel zu nennen, deren Inhalte zu diesem Buch beigetragen haben. Entsprechend ist das hier keine Literaturliste im üblichen und schon gar nicht in einem wissenschaftlichen Sinn. Sie enthält nur Texte von Autorinnen und Autoren, die im Text namentlich erwähnt oder zitiert werden, damit die Leserinnen und Leser nachvollziehen können, woher diese Informationen stammen.

Drei aktuelle deutschsprachige Informationsquellen möchte ich hervorheben, weil sie, jede auf ihre Weise, etwas sehr Ähnliches wie ich mit diesem Buch versuche: Russland besser zu begreifen und besser begreifbar zu machen.

- *Osteuropa* ist eine von der Deutschen Gesellschaft für Osteuropakunde e. V herausgegebene wissenschaftliche Monatszeitschrift, www.zeitschrift-osteuropa.de.
- Die *Russlandanalysen* sind ein Newsletter, der von einem Konsortium führender wissenschaftlicher Einrichtungen mit Osteuropabezug herausgegeben wird, https:// www.zeitschrift-osteuropa.de.
- *Dekoder* ist eine mit dem Grimme-Preis ausgezeichnete Website, die es sich zur Aufgabe gemacht hat, Russland zu entschlüsseln, www.dekoder.org.

Zitierte oder erwähnte Werke

Anna Achmatowa, Stichotworenija, Moskau 1995 (russisch)

Anne Applebaum, GULAG. A History, London 2003

Alexander Ausan, Obschtschestwennyj dogowor i graschdanskoje obschtschestwo (russisch), siehe: https://www.civisbook.ru/files/File/Auzan.pdf, zuletzt aufgerufen am 30. April 2021

Thomas Bremer, Kreuz und Kreml, Freiburg im Breisgau 2007

Michail Bulgakow, Der Meister und Margarita, Berlin 1994

Fjodor Dostojewski, Aufzeichnungen aus einem Totenhaus, Berlin 1994

Sergej Dowlatow, Sona, Moskau 2012 (russisch)

Boris Dubin, Das unmögliche Leben, Berlin 2015

Mark Galeotti, The Vory. Russia's Super Mafia, New Haven and London 2018

Jewgenia Ginsburg, Marschroute eines Lebens, Reinbek bei Hamburg 1967

Boris Groys, Die Erfindung Russlands, München 1995

Heinrich-Böll-Stiftung (Hrsg.), »Ich bin Anwalt!«, Eine Erinnerung an Jurij Schmidt, Berlin 2014

Anton Himmelspach, Gopniki, siehe: https://www.dekoder. org/de/gnose/gopniki-subkultur-klischee, zuletzt aufgerufen am 30. April 2021

Isdatelsstwo »Legkaja i pischtschewaja promyschlennost« (Hrsg.), Kniga o wkusnoj i sdorowoj pischtsche, Moskau 1981 (russisch)

Wenedikt Jerofejew, Die Reise nach Petuschki, München 1993

W. *Bruce Lincoln*, Siberia. The Conquest of a Continent,
New York 1994

Sonja Margolina, Wodka. Trinken und Macht in Russland,
Berlin 2004

Hedwig Richter, Demokratie. Eine deutsche Affäre,
München 2020

Warlam Schalamow, Erzählungen aus Kolyma, Berlin 2008

Karl Schlögel, Das sowjetische Jahrhundert, München 2017

Richard Sennett, Verfall und Ende des öffentlichen Lebens.
Die Tyrannei der Intimität, Frankfurt am Main 1986

Alexander Solschenyzin, Archipel Gulag, Bern 1974

Günther Stöckl, Russische Geschichte, Stuttgart 1990

Ilja Utechin, Otscherki kommunalnogo byta, Moskau 2004
(russisch)

Irina Scherbakowa
Karl Schlögel

Irina Scherbakowa/Karl Schlögel
Der Russland-Reflex
Einsichten in eine Beziehungskrise

144 Seiten | Gebunden mit
Schutzumschlag
Euro 17,– (D)
ISBN 978-3-89684-169-8
Auch als E-Book erhältlich

Das Russland-Rätsel entschlüsseln

Zwei Freunde und Weggefährten im Gespräch: Die russische
Bürgerrechtlerin Irina Scherbakowa und der deutsche Ost-
europa-Historiker Karl Schlögel diskutieren über ihre Erfahrungen zwischen Kaltem Krieg und Ukraine-Konflikt. Dabei
bekennen sie sich leidenschaftlich zum Geist der Aufklärung
und fordern das Recht des freien Wortes – in beiden Ländern.

»Ein deutsch-russisches Beziehungsgespräch: bewegend , klug –
und traurig. Denn die Krise bleibt.«
DER SPIEGEL, LITERATUR-SPIEGEL/TOBIAS RAPP

www.edition-koerber.de

Körber
Stiftung

Gesellschaft
besser machen

Mehr erfahren: www.koerber-stiftung.de
Mehr erleben: www.koerberforum.de
Mehr lesen: www.edition-koerber.de